川派中医药名家系列丛书

何天佐

主编◎马云

西南交通大学出版社
·成都·

图书在版编目（CIP）数据

川派中医药名家系列丛书. 何天佐 / 马云主编. --
成都：西南交通大学出版社，2023.11
ISBN 978-7-5643-8510-1

Ⅰ. ①川… Ⅱ. ①马… Ⅲ. ①何天佐 – 生平事迹②中
医临床 – 经验 – 中国 – 现代 Ⅳ. ①K826.2②R249.7

中国国家版本馆 CIP 数据核字（2023）第 200737 号

Chuanpai Zhongyiyao Mingjia Xilie Congshu He Tianzuo

川派中医药名家系列丛书 何天佐

马　云 / 主编

责任编辑 / 赵永铭
封面设计 / 原谋书装

西南交通大学出版社出版发行
（四川省成都市金牛区二环路北一段 111 号西南交通大学创新大厦 21 楼　610031）
营销部电话：028-87600564　　028-87600533
网址：http://www.xnjdcbs.com
印刷：四川煤田地质制图印务有限责任公司

成品尺寸　170 mm×240 mm
印张　13.25　　　插页　4
字数　215 千
版次　2023 年 11 月第 1 版　　印次　2023 年 11 月第 1 次

书号　ISBN 978-7-5643-8510-1
定价　59.00 元

何天佐

何天佐和何仁甫

何天佐习拳

何天佐练习刀术

创建八一骨科医院时的何天佐

何天佐参加中医药文化博览会

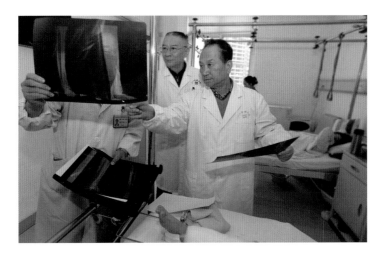

何天佐（前）查房

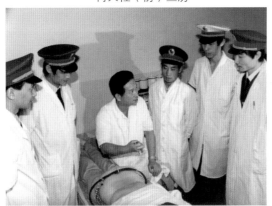

带习

出席第31届世界军事医学大会

何天佐编写的讲稿

何天佐出版的著作

何天佐获得的非遗证书

何天佐获得的部分荣誉证书

何天佐获得的部分军功章

全国老中医药专家学术经验继承指导老师及传承人证书

桃李芳菲

编 委 会

总 序 ——————加强文化建设，唱响川派中医

四川，雄居我国西南，古称巴蜀，成都平原自古就有天府之国的美誉，天府之土，沃野千里，物华天宝，人杰地灵。

四川号称"中医之乡、中药之库"，巴蜀自古出名医、产中药，据历史文献记载，从汉代至明清，见诸文献记载的四川医家有 1000 余人，川派中医药影响医坛 2000 多年，历久弥新；川产道地药材享誉国内外，业内素有"无川（药）不成方"的赞誉。

▌ 医派纷呈，源远流长

经过特殊的自然、社会、文化的长期浸润和积淀，四川历朝历代名医辈出，学术繁荣，医派纷呈，源远流长。

汉代以涪翁、程高、郭玉为代表的四川医家，奠定了古蜀针灸学派，郭玉为涪翁弟子，曾任汉代太医丞。涪翁为四川绵阳人，曾撰著《针经》，开巴蜀针灸先河，影响深远。1993 年，在四川绵阳双包山汉墓出土了最早的汉代针灸经脉漆人；2013 年，在成都老官山再次出土了汉代针灸漆人和 920 支医简，带有"心""肺"等线刻小字的人体经穴髹漆人像是我国考古史上首次发现，应是迄今我国发现的最早、最完整的经穴人体医学模型，其精美程度令人咋舌！又一次证明了针灸学派在巴蜀的渊源和影响。

四川山清水秀，名山大川遍布。道教的发祥地青城山、鹤鸣山就座落在成都市。青城山、鹤鸣山是中国的道教名山，是中国道教的发源地之一，自东汉以来历经 2000 多年，不仅传授道家的思想，道医的学术思想也因此启蒙产生。道家注重炼丹和养生，历代蜀医多受其影响，一些道家也兼行医术，如晋代蜀医李常在、李八百，宋代皇甫坦，以及明代著名医家韩懋（号飞霞道人）等，可见丹道医学在四川影响深远。

川人好美食，以麻、辣、鲜、香为特色的川菜享誉国内外。川人性喜自在休闲，养生学派也因此产生。长寿之神——彭祖，号称活了 800 岁，相传他经历了尧舜夏商诸朝，据《华阳国志》载："彭祖本生蜀"，"彭祖家其彭蒙"，由此推断，彭祖不但家在彭山，而且他晚年也落叶归根于此，死后葬于彭祖山。彭祖山座落在成都彭山县，彭祖的长寿经验在于注意养生锻炼，他是我国气功的最早创始人，他的健身法被后人写成《彭祖引导法》；他善烹饪之术，创制的"雉羹之道"被誉为"天下第一羹"，屈原在《楚辞·天问》中写道："彭铿斟雉，帝何飨？受寿永多，夫何久长？"反映了彭祖在推动我国饮食养生方面所做出的贡献。五代、北宋初年，著名的道教学者陈希夷，是四川安岳人，著有《指玄篇》《胎息诀》《观空篇》《阴真君还丹歌注》等。他注重养生，强调内丹修炼法，将黄老的清静无为思想、道教修炼方术和儒家修养、佛教禅观会归一流，被后世尊称为"睡仙""陈抟老祖"。现安岳县有保存完整的明代陈抟墓，有陈抟的《自赞铭》，这是全国独有的实物。

四川医家自古就重视中医脉学，成都老官山 2021 年冬出土的汉代医简中就有《逆顺五色脉臟验精神》一书，其余几部医简经整理定名为《脉书·上经》《脉书·下经》《刺数》《尒理》《治六十病和齐汤法》《疗马书》。学者经初步考证推断极有可能为扁鹊学派已经亡佚的经典书籍。扁鹊是脉学的倡导者，而此次出土的医书中脉学内容占有重要地位，一起出土的还有用于经脉教学的人体模型。唐代杜光庭著有脉学专著《玉函经》三卷，以后王鸿骥的《脉诀采真》、廖平的《脉学辑要评》、许宗正的《脉学启蒙》、张骥的《三世脉法》等，均为脉诊的发展做出了贡献。

昝殷，唐代四川成都人。昝氏精通医理，通晓药物学，擅长妇产科。唐大中年间，他将前人有关经、带、胎、产及产后诸症的经验效方及自己临证验方共378首，编成《经效产宝》三卷，是我国最早的妇产学科专著。加之北宋时期的著名妇产科专家杨子建（四川青神县人）编著的《十产论》等一批妇产科专论，奠定了巴蜀妇产学派的基石。

宋代，以四川成都人唐慎微为代表撰著的《经史证类备急本草》，集宋代本草之大成，促进了本草学派的发展。宋代是巴蜀本草学派的繁荣发展时期，陈承的《补注神农本草并图经》，孟昶、韩保昇的《蜀本草》等，丰富、发展了本草学说，明代李时珍的《本草纲目》正是在此基础上产生的。

宋代也是巴蜀医家学术发展最活跃的时期。四川成都人、著名医家史崧献出了家藏的《灵枢》，校正并音释，名为《黄帝素问灵枢经》由朝廷刊印颁行，为中医学发展做出了不可估量的贡献，可以说，没有史崧的奉献就没有完整的《黄帝内经》。虞庶撰著的《难经注》、杨康侯的《难经续演》，为医经学派的发展奠定了基础。

史堪，四川眉山人，为宋代政和年间进士，官至郡守，是宋代士人而医的代表人物之一，与当时的名医许叔微齐名，其著作《史载之方》为宋代重要的名家方书之一。同为四川眉山人的宋代大文豪苏东坡，也有《苏沈内翰良方》（又名《苏沈良方》）传世，是宋人根据苏轼所撰《苏学士方》和沈括所撰《良方》合编而成的中医方书。加之明代韩懋的《韩氏医通》等方书，一起成为巴蜀医方学派的代表。

四川盛产中药，川产道地药材久负盛名，以回阳救逆、破阴除寒的附子为代表的川产道地药材，既为中医治病提供了优良的药材，也孕育了以附子温阳为大法的扶阳学派。清末四川邛崃人郑钦安提出了中医扶阳理论，他的《医理真传》《医法圆通》《伤寒恒论》为奠基之作，开创了以运用附、姜、桂为重点药物的温阳学派。

清代西学东进，受西学影响，中西汇通学说开始萌芽，四川成都人唐宗海以敏锐的目光捕捉西学之长，融汇中西，撰著了《血证论》《医经精义》《本草问答》《金匮要略浅注补正》《伤寒论浅注补正》，后人汇为《中西汇通医书五种》，成为"中西汇通"的第一种著作，也是后来人们将主张中西医兼容思想的医家称为"中西医汇通派"的由来。

▌名医辈出，学术繁荣

新中国成立后，历经沧桑的中医药，受到党和国家的高度重视，在教育、医疗、科研等方面齐头并进，一大批中医药大家焕发青春，在各自的领域里大显神通，中医药事业欣欣向荣。

四川中医教育的奠基人——李斯炽先生，在1936年创办的"中央国医馆四川分馆医学院"（简称"四川国医学院"）中，先后担任过副院长、院长，担当大任，艰难办学，为近现代中医药人才的培养立下了汗马功劳。该院为国家批准的办学机构，虽属民办但带有官方性质。四川国医学院也是成都中医学院（现成都中医药大学）的前身，当时汇集了一大批中医药的仁人志士，如内科专家李斯炽、伤寒专家邓绍先、中药专家凌一揆等，还有何伯勋、杨白鹿、易上达、王景虞、周禹锡、肖达因等一批蜀中名医，可谓群贤毕集，盛极一时。共招生13期，培养高等中医药人才1000余人，这些人后来大多数都成为新中国成立后的中医药领军人物，成了四川中医药发展的功臣。

1955年国家在北京成立了中医研究院，1956年在全国西、北、东、南各建立了一所中医学院，即成都、北京、上海、广州中医学院。成都中医学院第一任院长由周恩来总理亲自任命。李斯炽先生继担任四川国医学院院长之后又成为成都中医学院的第一任院长。成都中医学院成立后，在原国医学院的基础上，又汇集了一大批有造诣的专家学者，如内科专家彭履祥、冉品珍、彭宪章、傅灿冰、陆干甫；伤寒专家戴佛延；医经专家吴棹仙、李克光、郭仲夫；中药专家雷载权、徐楚江；妇科专家卓雨农、曾敬光、唐伯渊、王祚久、王渭川；温病专家宋鹭冰，外科专家文琢之，骨、外科专家罗禹田，眼科专家陈达夫、刘松元；方剂专家陈潮祖，医古文专家郑孝昌；儿科专家胡伯安、曾应台、肖正安、吴康衡；针灸专家余仲权、薛鉴明、李仲愚、蒲湘澄、关吉多、杨介宾；医史专家孔健民、李介民；中医发展战略专家侯占元等。真可谓人才济济，群星灿烂。

北京成立中医高等院校、科研院所后，为了充实首都中医药人才的力量，四川一大批中医名家进驻北京，为国家中医药的发展做出了巨大贡献，也展现了四川中医的风采！如蒲辅周、任应秋、王文鼎、王朴诚、王伯岳、冉雪峰、杜自明、李重人、叶心清、龚志贤、方药中、沈仲圭等，各有精专、影响广泛，功勋卓著。

北京四大名医之首的萧龙友先生，为四川三台人，是中医界最早的学部委员（院士，1955 年）、中央文史馆馆员（1951 年），集医道、文史、书法、收藏等为一身，是中医界难得的全才！其厚重的人文功底、精湛的医术、精美的书法、高尚的品德，可谓"厚德载物"的典范。2010 年 9 月 9 日，故宫博物院在北京为萧龙友先生诞辰 140 周年、逝世 50 周年，隆重举办了"萧龙友先生捐赠文物精品展"，以缅怀和表彰先生的收藏鉴赏水平和拳拳爱国情怀。萧龙友先生是一代举子、一代儒医，精通文史，书法绝伦，是中国近代史上中医界的泰斗、国学家、教育家、临床大家，是四川的骄傲，也是我辈的楷模！

▌追源溯流，振兴川派

时间飞转，掐指一算，我自 1974 年赤脚医生的"红医班" 始，到 1977 年大学学习、留校任教、临床实践、跟师学习、中医管理，入中医医道已 40 年，真可谓弹指一挥间。俗曰：四十而不惑，在中医医道的学习、实践、历练、管理、推进中，我常常心怀感激，心存敬仰，常有激情冲动，其中最想做的一件事就是将这些中医药实践的伟大先驱者，用笔记录下来，为他们树碑立传、歌功颂德！缅怀中医先辈的丰功伟绩，分享他们的学术成果，继承不泥古，发扬不离宗，认祖归宗，又学有源头，师古不泥，薪火相传，使中医药源远流长，代代相传，永续发展。

今天，时机已经成熟，四川省中医药管理局组织专家学者，编著了大型中医专著《川派中医药源流与发展》，横跨 2000 年的历史，梳理中医药历史人物、著作，以四川籍（或主要在四川业医）有影响的历史医家和著作为线索，理清历史源流和传承脉络，突出地方中医药学术特点，认祖归宗，发扬传统，正本清源，继承创新，唱响川派中医药。其中，"医道溯源"是以"民国"前的川籍或在川行医的中医药历史人物为线索，介绍医家的医学成就和学术精华，作为各学科发展的学术源头。"医派医家"是以近现代著名医家为代表，重在学术流派的传承与发展，厘清流派源流，一脉相承，代代相传，源远流长。《川派中医药源流与发展》一书，填补了川派中医药发展整理的空白，是集四川中医药文化历史和发展现状之大成，理清了川派学术源流，为后世川派的研究和发展奠定了坚实的基础。

我们在此基础上，还编著了《川派中医药名家系列丛书》，汇集了一大批近现代四川中医药名家，遴选他们的后人、学生等整理其临床经验、学术思想编辑成册。预计编著一百人，这是一批四川中医药的代表人物，也是难得的宝贵文化遗产，今天，经过大家的齐心努力终于得以付梓。在此，对为本系列书籍付出心血的各位作者、出版社编辑人员一并致谢！

由于历史久远，加之编撰者学识水平有限，书中鳝、漏、舛、谬在所难免，敬望各位同仁、学者，提出宝贵意见，以便再版时修订提高。

中华中医药学会　　副会长

四川省中医药学会　　会长

四川省中医药管理局　原局长

成都中医药大学教授　博士导师

2015 年春初稿

2022 年春修定于蓉城雅兴轩

传统中医药正骨疗法是中医药领域的重要分支，具有悠久的历史和广泛的应用价值。然而，随着现代医学的发展，部分传统疗法逐渐被边缘化。为了挖掘传统中医药正骨疗法的潜力，普及其学术价值，编写这本专著，系统总结了非物质文化遗产"何天佐传统中医药正骨疗法"在该领域的学术思想和经验。本专著的主要目的是向读者介绍何天佐专家在传统中医药正骨疗法领域的深刻思考和实践经验，通过分享他在临床实践中的方法、技巧和独到见解，帮助读者更好地理解传统中医药正骨疗法的理论与实践，并提高他们在该领域的临床能力和学术水平，此外，本专著还旨在为推动传统中医药正骨疗法的发展提供一个学术交流和探讨的平台。编者作为何天佐专家的代表性传人，通过长期地跟师学习及临床实践应用，详细了解他在传统中医药正骨疗法领域的学术思想和实践经验，全面收集了何天佐传统中医药正骨疗法观点和见解。通过系统整理和分析，筛选出何天佐专家在传统中医药正骨疗法领域的核心思想和重要经验，在整理过程中，着重挖掘其临床实践的关键要素，并加以总结和概括。为了更好地说明何天佐专家的学术思想和经验，本专著将结合具体案例和实证研究进行论述，通过真实的病例和临床数据，读者可以更好地理解何天佐专家在传统中医药正骨疗法上的实践方法和成果。在编写过程中，本专著将提供实用的指导和建议，帮助读者应用何天佐专家的学术思想和经验，这些指导和建议将涵盖正骨疗法的各个方面，包括诊断、治疗技巧、配方选择等。

何天佐专家以其广博的知识和无私的奉献精神，在中医骨科领域取得了卓越的成就。他致力于将传统中医药与现代骨科医学相结合，发展出了独特的治疗方法和理念。他深谙中医经典，将古老的中医智慧与现代医学知识相融合，为许多病患带来了希望和康复的机会。他的临床经验丰富，医术高超，被誉为中医骨科的权威专家。作为一位敬业的医者，他用自己的智慧和勇气面对疑难杂症，解决了许多医学难题，拯救了无数患者的生命和健康。他不仅在临床上有杰出的成就，还为中医骨科的发展做出了重要贡献。他的学术研究和教育工作使更多的人了解和信赖中医骨科，并推动了该领域的进步和创新。他的悉心教导和谆谆教诲，培养了一批又一批优秀的中医骨科医师。

谨以此书向何天佐专家致以最崇高的敬意与纪念。他的医术和学术成就将永远留在人们的记忆中，他的学术思想将继续指引着后人，促使中医骨科医学不断发展和壮大。让我们保持对中医骨科的热爱和追求，继承他的学术精神，为推动中医骨科的发展做出自己的贡献！

目录

生平简介

川派中医药名家系列丛书

何天佐

何天佐（1941—2018），蒙古族，大学学历，主任医师，解放军文职一级、技术一级，军队高级技术专家。蒙古族世医特呼尔氏（何氏）骨科第五代传承人，四川省非物质文化遗产"何天佐传统中医药正骨疗法"代表性传承人，第二批全国老中医药学术经验继承指导老师，八一骨科医院（原成都军区八一骨科医院）、海南骨科医院创始人，国家级四川何氏骨科流派传承工作室项目负责人，获 1990 年中华人民共和国人事部授予"中青年有突出贡献专家"称号，国务院颁发政府特殊津贴。

何天佐生长于蒙古族特呼尔氏（汉姓何氏）医武世家。据《四川省地方志·人物志》《成都满蒙族志》《蒙古族世医特呼尔氏史略》《川派中医药源流与发展》《四川何氏骨科流派史实研究》等记载，特呼尔氏骨科起源于内蒙古通辽甘旗卡区域的传统蒙医骨伤科，因其族人担任军医，遂于 1644 年随清军入关，1718 年进驻四川，1721 年定居成都少城永平胡同（今成都市柿子巷），属镶蓝旗、三甲，距今近 400 年。何氏家族祖茔位于成都市郫都区安德街道安龙村。

何天佐的父亲何仁甫（1895—1969）系特呼尔氏骨科第四代传承人，并使特呼尔氏骨科开派四川，成为 20 世纪上叶成都著名的何氏骨科流派，何仁甫于 2001 年被载入《四川省地方志·人物志》；2022 年，《川派中医药名家——何仁甫》由中国中医药出版社出版。

1953 年 9 月，时年 12 岁的何天佐跟随父亲学医习武，耳濡目染，对医学兴趣甚浓，1959 年 9 月，年仅 18 岁的何天佐在成都水电学院求学期间，他将课余时间大量用于攻读中医药典籍和西医基础理论书籍。因病辍学后，即随父行医，在父亲的严格训导下，从实践中细心领悟并娴熟地掌握了祖传医理医技，深得父亲真传。在继承、发展中，使何氏骨科成为"何天佐传统中医药正骨疗法"。

1981 年 11 月，已在成都中医骨科界具有一定知名度的他，被成都军区作为骨科人才特征入伍，任成都军区体工大队军医。1986 年 10 月，经上级批准，何天佐在军区体工队卫生所的基础上，创建了全军第一所骨科专科医院——成都军区八一骨科医院。1988 年 6 月，响应国家开发、建设海南特区的号召，何天佐又创建了成都军区八一骨科医院分院——海南骨科医院。

何天佐注重实践、科学管理，医院充满生机和活力。成都军区八一骨科医院坚持"以何天佐传统中医药正骨疗法主导，中西医结合"的技术特色和发展方向，实现了"救死扶伤，全心全意为军民服务"的建院宗旨。何天佐在工作中处处身体力行、率先垂范，经常从早晨7：00工作到夜间10：00，超负荷劳作，周一、三、五上门诊，周二、四、六住院部查房和处理院务，已经成为他的工作习惯。慕名求医者常在半夜就排队候诊，面对病员的需求和信赖，他累而无怨。在部队近40年间他未休过一次（军官）假。员工们甚至热心的病员们都担心他累坏身体，常劝说："何院长您年逾古稀，千万要保重身体。"而他却凭着"不为良相，当为良医"的信念，依然坚持长时间地工作在临床第一线。何天佐良好的医德、精湛的医术赢得了病员的广泛赞誉，先后收到军地病员感谢信30000余封、锦旗1000余面。《人民日报》《解放军报》《四川日报》《成都晚报》《海南日报》和中央、四川、海南电视台等数十家新闻媒体，先后100多次报道何天佐及医院的先进事迹。

何天佐领导下的成都军区八一骨科医院曾连续9年被上级评为先进单位；海南骨科医院曾被海南省政府授予"百名驻琼先进企业"称号。2015年，成都军区八一骨科医院经国家中医药管理局组织评审，认定为三级甲等专科（骨伤）医院。2020年2月因军改而转隶"中国融通集团"并更名为"八一骨科医院"。

八一骨科医院现系四川省非物质文化遗产代表性项目"何天佐传统中医药正骨疗法"保护传承单位。医疗用房近5万平方米，住院床位740张，拥有核磁共振、CT等仪器设备约1200台（件）。设正骨、骨病、筋伤、关节脊柱、康复、手足创伤显微外科、脊柱关节微创外科等10余个临床科室。院内自制制剂均纳入四川省和成都市医保报销药品目录。擅长运用现代诊断检查技术进行诊断，以"何天佐传统中医药正骨疗法主导，中医西结合"诊治关节脱位及软组织损伤等各类骨伤，网球肘、腱鞘炎、肌筋膜炎、颈肩腰腿痛，腰肌劳损，颈腰椎间盘突（膨）出症、骨质增生症、老年关节退行性改变、股骨头坏死、风湿性关节炎、骨结核、骨髓炎等各类骨病。2017年5月，国家卫计委副主任兼国家中医药管理局局长王国强率队赴成都军区八一骨科医院，专题调研"何天佐传统中医药正骨疗法"特色、疗效及其保护传承工作，予以充分肯定。王国强评价八一骨科医院：①第一个全军中医专科医院；②第一个获得地方认可的军队三级甲等专科医院；③第一个军队中治疗技术被评为非物质文化遗产的医院；④第一个国家中医药管理局授予中医流派传承工作室的军队医院；⑤第一个融合了多民族医术的中医专科技术骨伤医院；⑥第一个军地融合的中医骨伤医院。

何天佐坚持科技兴医、博采众长的信念，勇于将历代骨科流派之长和现代医学、生物力学等相关学科结合，致力于提升家传医术的学术地位，大胆实践，潜心研究，反复验证，著书立说；创立了若干新的诊疗原理和技术，发明了一系列新制剂、新药和发明专利，获得了许多科研成果，使何天佐传统中医药正骨疗法的理论和实践体系日臻完善，将其从传统的中医骨科学派提升到逐步与现代医学结合的高度，赢得了荣誉，为中医骨科事业发展作出了贡献。

1990年开始，何天佐历时五载，撰写100余万字的《何氏骨科学》（上、下卷），由中国中医古籍出版社出版。2009年，经何天佐修订，由人民卫生出版社再版。他根据祖传经验和50余年的临床实践，应用中医药学、现代医学和生物力学等，既阐释了何氏骨科学术思想及理法方药学术特色，又提出了"骨伤、骨病、先天骨疾患"的骨科疾病分类；"治骨先治肉"，"损伤一证，固从血论，更当重气"，"骨伤手法在先，骨病药物为主"，"分部位联合用药"，"联合外固定"，"瞬间复位法"，"夹脊振抖法"等若干新的诊疗原理及方法。这是四川何氏骨科流派发展史上全面阐述何氏骨科医理医技的第一部学术专著。经解放军成都医学情报检索中心查新证实，在全国以姓氏出版学术专著者，当时确属少见。该书以"不囿经典、理论新颖""中西结合、技术独特"的学术特色，引起中外学者关注，被同行专家评价为四川何氏骨科流派的当代学术标志。

1992年，何天佐主持的"何氏骨科系列药品开发研究"课题，被国家科委列入"八五"星火计划项目。他根据何氏祖传秘方，应用现代中医药研制技术，研制的"消肿镇痛膏"和"强腰壮骨膏"，经新药评审专家鉴定认为：何氏药膏采用现代高分子材料作基质，生产工艺先进，消除了传统膏剂存放期短、使用不方便和橡胶膏剂易致敏等弊端，填补了中药制剂的有关空白，2002 年获得国家新药批准文号，并授权国家发明专利。这是何氏骨科数百年发展史上首次获得国家批准的新药和发明专利。投放市场迄今，以"疗效显著、安全便捷"的特点，受到广大病员的信赖。特别是经全军有关医疗单位使用证实，何氏膏药用于部队平时训练中发生的有关创伤，治疗及时、显效迅速，已经作为部队平时或战时卫勤保障药品。

1996—2000 年，何天佐及其医院获军队科技成果奖和国际学术交流奖共 8 项。他承担的强腰壮骨膏动物实验及临床研究、骨科联合外固定法及其临床应用、何氏夹脊振抖法治疗腰椎小关节紊乱、何氏"治骨先治肉"理论及其应用等科研课题和学术专著《何氏骨科学》，先后获得军队科技成果奖。何氏骨科外用膏药与学术论文《何氏治骨先治肉原理及应用》，1997 年获美国纽约国际传统医学杰出产品金奖和杰出论文奖；消肿镇痛膏、强腰壮骨膏获 2000 年度香港国际新产品新技术博览会金奖。

何天佐致力于家传医术的传承推广，2011 年 6 月，"何天佐传统中医药正骨疗法"被四川省人民政府列入第三批四川省非物质文化遗产名录。2013—2017 年，"何天佐传统中医药正骨疗法"又先后成为福建省、福建省厦门市、湖南省衡阳市、湖南省益阳市的非物质文化遗产。由此，特呼尔氏骨科成为国家非物质文化遗产而受到传承保护。 各级政府非物质文化遗产主管部门认定何天佐为传统中医药正骨疗法代表性传承人。

2012 年 11 月，何天佐组织四川仁甫何氏骨科技术研究中心，向国家中医药管理局申报"四川何氏骨科流派传承工作室建设"获得成功，何氏骨科流派传承工作室建设项目成为我国首批 64 家中医学术流派传承工作室建设项目之一。历经三年建设，2016 年该项目经国家中医药管理局验收合格。2019—2022 年被国家中医药管理局列入"全国中医学术流派工作室第二轮建设项目"，极大地提升了家传医术的学术知名度和社会认可度，同时培养了一大批传承人。

何天佐多次出席全军、全国和国际学术会议，应邀赴朝鲜、新加坡讲学。尤其是在医学界有关专业的三次高峰会上，在充分展示家传绝技，提高何氏骨科知名度的同时，为振兴中医药事业作出了贡献。1988 年 5 月，代表成都军区，出席全军骨伤推拿专业学术交流大会，现场演示何天佐传统中医药正骨疗法医理医技。大会为他接来一位患"腰椎小关节紊乱"的病员，病员难以行走，被两人搀扶到场，当场施用"夹脊振抖法"仅治疗 2 分钟，病员立即就能站立并独自绕场行走。聚会全军的骨科专家、同行无不惊叹何天佐的医术精湛、疗效神奇，到场的杨得志总长和总部领导都予以赞扬。1990 年 9 月，代表军队参加国家卫生部、国家中医药管理局和总后卫生部联合举办的首届中国中医药文化博览会，并作为"全国百名特邀专家"为第 13 届亚运会现场义诊。何天佐的精湛医术受到中外同行及病员高度赞赏，《人民日报》《解放军报》对此作了何天佐的专题报道。1996 年 10 月，何天佐作为我军代表和军委确定的全军 10 名中医专家（成都军区仅 1 名），代表我军出席了"第 31 届国际军事医学大会"。这是世界性的军事医学学术交流盛会，大会期间何天佐的现场演示，受到中外专家学者和军委领导的高度称赞。

何天佐受聘或被推选担任众多社会兼职：中国中医药学会理事，中华医学会疼痛研究会理事，全军中医学会常务理事，全军骨伤推拿专业委员会副主任委员，成都军区中医学会副会长，成都军区医学科学技术委员会委员，成都军区高级专业技术职称评审委员会委员，国防科技大学医院顾问，中国中医研究院特色医药合作中心顾问，海南省康复医学会常务理事，以及四川省荥经县人民医院、金堂县中医医院、通江县中医医院、成都市青白江区骨科医院和福建省厦门市开元区（2003 年开元区并入思明区）骨伤骨病专科医院、湖南省长沙惠民医院名誉院长。

"科学没有疆界，知识造福人类。"正是这种思想境界，使何天佐打破家规，无私奉献，为军队和地方培养了大批中医骨科人才。解放军总后卫生部自 1989 年起，连续 13 年举办"全军何氏正骨学习班"和师带徒学习班，学员来自全军各军、兵种，每届都由何天佐主讲和临床带教。为全军培养富有何氏骨科技术特色的中医骨科临床技术骨干 300 余名。

在坚持开展军民共建活动中，何天佐指示接收了省内外数十家医疗单位临床进修生和成都中医药大学、成都体育学院运动医学系、重庆三峡医药高等专科学校（原四川万州中医学校）、成都中医学校毕业实习生达 1000 余人，学员遍布全川近百个单位。他把为国家为军队培养人才，视为为何氏骨科培养新一代传人，无保留地将祖传医术和自己的丰富经验传授给军地学员。他的言传身教、尽心尽力，使许多学员学有所成。如 1990 年"第二届全军何氏正骨学习班"学员李澄清，学成归队后坚持应用，于 1994 年部队转业到福建漳州老家某医院工作，他继续应用何氏骨科技术，很快成为当地的骨科名医，工作不足一年，即被厦门市以"具有一技之长的科技人才"调入，经过 6 年奋斗，他将厦门市开元区梧村卫生所骨科门诊，发展成为该市首家具有何氏骨科技术特色的骨科专科医院——厦门思明区梧村骨科医院（原厦门市开元骨科医院），并任该院院长。弟子朱晓东创办湖南衡阳市康阳骨科医院。军内外、海内外的新一代四川何氏骨科流派传承人，坚持应用何氏骨科技术为社会和部队服务，创造出显著的社会、技术、军事和经济效益。国家人事部、卫生部、中医药管理局于 2000 年任命何天佐为"全国老中医药专家学术经验继承指导老师"。

何天佐入伍 32 年，多次荣立军功，获国家、全军和军区先进荣誉，2001 年晋升文职一级，2008 年晋升军队专业技术一级，成为军队高级技术专家。他既珍惜荣誉，又秉承了父辈淡泊名利的品质，虽然年逾古稀，依然忘我地工作在临床第一线，挤时间抓教学、搞科研、著书立说、交流学术，以"位卑未敢忘忧国"的人生信念，开始新的思索：伴随着经济全球化进程的加速，在中国经济迅猛发展、国力日趋强盛的时代，祖国传统医药学该怎样抓住发展机遇？如何应对我国加入世界贸易组织（WTO）而面临的严峻挑战？为此，成都军区八一骨科医院先后与重庆三峡医药高等专科学校、厦门思明区梧村骨科医院、海南骨科医院、湖南衡阳市康阳骨科医院、益阳亚东康复医院、内蒙古国际蒙医医院等，加强医疗技术协作关系；与四川厚生天佐药业有限公司联合研发何氏骨科新药；与四川全兴集团联合开发何氏骨科保健酒。何氏骨科流派迈上了跨行业、跨区域，多层次整合资源共同发展的新路子。何天佐使何氏骨科流派在传承和发展中，构筑了西有巴蜀基地、北有首都据点、南有琼州窗口，网络全国、辐射海外的发展平台，由单纯的诊疗体系向着以医药为龙头的综合性事业发展。

川派中医药名家系列丛书　何天佐

临床经验

一、肱骨干骨折

（一）理论认识

肱骨干骨折是指肱骨外科颈以下 1 ~ 2 cm 至肱骨髁上 2 cm 之间的骨折，是上肢常见骨折，占全身骨折的 3.5%，肱骨干骨折发病年龄曲线呈双峰分布：分别是 20 ~ 30 岁青年人群和 60 岁以上老年人群，并且发病率在老年人群中伴随年龄增长而增加，肱骨干骨折的发病原因在年轻人群主要是车祸和摔伤等高等量损伤，老年人群多为骨质疏松后跌倒的低能量损伤。

肱骨干骨折可由直接暴力或间接暴力所致。中上段的横形或粉碎性骨折，则多由直接暴力造成，中下 1/3 骨折则多为间接暴力产生的螺旋形骨折，而下段的斜形或螺旋形骨折则多由传达暴力所致。肱骨干分为上、中、下三段，中段较细，其骨皮质虽坚固，但弹性较小，着力较大，为骨折的好发部位。在肱骨干的中、下 1/3 段有滋养动脉和与肱骨干紧密接触的桡神经，该段骨折则易并发桡神经损伤。

骨折的移位与肌肉牵拉有密切的关系，在三角肌止点以上的骨折，近折端因胸大肌、背阔肌、大圆肌的牵拉而向前、向内移位，远折端被三角肌牵拉而向上、向外移位。在三角肌止点下方的肱骨干骨折，近折段由三角肌、喙肱肌、冈上肌牵拉向外、前移位，远折段被肱二头肌、肱三头肌牵拉而向上移位。此外，暴力的方向、伤肢重量和肢体大小、体位等对骨折移位都有影响。肱骨干下段骨折，患者常将前臂旋前并附贴在胸壁上而造成远折段内收和旋前，在中 1/3 交界处骨折，远折端向桡侧移位，则可合并桡神经损伤。

肱骨干骨折的治疗方法包括保守治疗和手术治疗 2 种，目前主要的治疗方法中，手术治疗并不具备普遍适用性，尤其是老年肱骨干骨折患者对手术耐受性差，术后并发症多，加之人们普遍对手术的恐惧心理和经济成本，保守治疗则是肱骨干骨折的主流，其治愈率可达到 95% 以上。常规保守治疗采用手法复位联合小夹板或石膏外固定，其中小夹板治疗成本低，对周围的软组织损伤最小，且操作简单，受力直接，保证血液循环的同时可进行循序渐进的康复锻炼。其缺点在于保守治疗后患者多有持续性的肿胀、疼痛，不利于早期功能锻炼，同时外固定时间较长，容易导致肩肘关节僵硬，甚至可能出现畸形愈合而影响上肢功能。何天佐治疗肱骨干骨折强调瞬间复位，减轻复位时患者疼痛感，具有用时短、瞬间准确整复、患者疼痛感少、有利于关节功能早期恢复等特点，配合联合夹缚固定术及分部位用药法，能有效缓解患者持续肿胀、疼痛等症状，促进疼痛、肿胀早期消退，有利于早期功能锻炼和骨折修复。

（二）临床医案

周某，男，50岁，公务员，1990年5月31日入院。

主诉：右上臂车祸伤1天

刻诊：患者入院1天前，在成都市机场高速公路上发生车祸致伤右上臂，急送成都某骨科医院，诊断为：右肱骨中下段粉碎性骨折；右桡神经损伤（图1）。建议手术治疗。患者坚决拒绝手术并出院，来我院就诊。患者右上臂肿胀明显，中下段处外观外旋、外翻畸形，有异常活动，皮温正常、皮肤肿胀可见青紫淤青、环形压痛、叩击痛剧烈，骨擦感及骨擦音明显，右手虎口区感觉减退及右拇指右腕部背伸功能障碍，出现腕下垂畸形，右桡动脉搏动可触及。

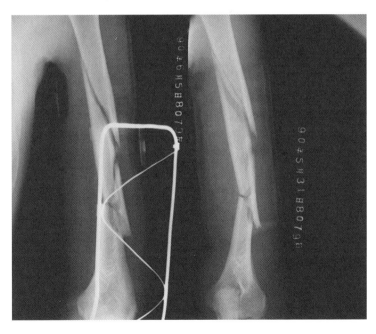

图1

诊断：右肱骨干粉碎性骨折。

辨证：骨断筋伤、气滞血瘀。

治则：活血化瘀、行气止痛。

治法：手法整复、小夹板固定。

手法：患者取坐位，一助手固定患臂肩部，另一助手一手握住患者肘部，另一手握住其腕部，伤肢曲肘，上臂无旋转，肩关节略前屈位，对抗牵引，避免力量过大。术者立于体侧，将伤臂外展 40°～50°，术者双手环抱骨折断端处，同时用力对向推挤，然后纠正前后移位，手触摸无明显骨折凸起，整复结束。依照何氏骨科联合外固定理论及方法，根据移位成角方向，选用两点挤压法，在内外侧各放置一个压垫，再用四块小夹板（长度：前臂夹板自肩部至肘窝；后侧自肩部至尺骨鹰嘴上 1 cm，内侧夹板自腋窝至肱骨髁上；外侧夹板自肩部至肱骨外上髁）；三根缚扎带和一条绷带固定。再用一托板固定肘关节于曲肘 90°旋后位置。三角巾悬吊。

外用：整复后早期局部外用何氏消肿止痛散，用绷带包扎；隔日换药 1 次。

中期依据何氏骨科"分部位用药"理论：断端处外敷何氏续断接骨散促进骨折修复，周围外敷何氏通督散促进神经修复。定期换药，调整夹板松紧度。

内服药物：口服何氏肿痛宁胶囊；外敷何氏骨科消肿止痛散；中期口服何氏骨科接骨续筋胶囊；后期口服何氏止痛壮骨胶囊；

医嘱：

1. 复查 X 线片报告（图 2）：右肱骨中下段粉碎性骨折，原折端移位已纠正，现已对位、对线良好。

2. 加强患肢肢体远端的锻炼，主要包括手指的屈伸和手腕的小幅度翻转，主动进行上臂的肌肉收缩和舒张训练，禁止做上臂扭转的动作。

3. 注意观察右上肢肿胀、疼痛和右前臂肢端感觉、血循、活动情况。

4. 隔日换药 1 次，如有不适立即复诊。

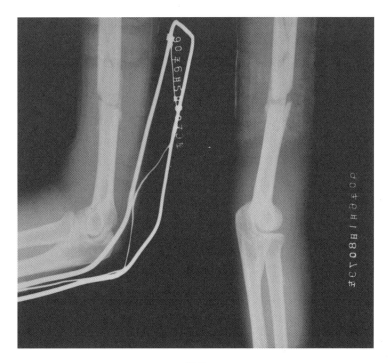

图 2

二诊：1990 年 6 月 15 日复诊，观右上臂及右肘关节肿胀明显减退，局部疼痛较前减轻，右手虎口区感觉减退及右拇指右腕部背伸功能障碍仍较明显，腕下垂畸形，夹板松紧适度。右上臂外敷药物调整为骨折处外敷续断接骨散接骨续筋，周围外敷消肿止痛散行气活血，隔日一次，口服药物调整为接骨续筋胶囊，每天3 次，每次 4 粒。指导患者加强肩肘关节及握拳伸指锻炼。

三诊：1990 年 6 月 24 日复诊，观患者右上臂及右肘部肿胀已基本消退，局部疼痛明显减轻。右手虎口区感觉较前稍有恢复，右拇指右腕部背伸功能障碍仍较明显，腕下垂畸形，右上臂外敷药物调整为骨折处外敷续断接骨散接骨续筋，上臂中下段桡神经走行部位外敷通督散促进神经损伤恢复，隔日一次。口服药物仍以接骨续筋胶囊，每天 3 次，每次 4 粒。

四诊：1990 年 7 月 12 日复查，患者右上臂肿胀已基本消退，局部疼痛不明显，无异常活动，无骨擦音及骨擦感，右手虎口区感觉恢复，右拇指右腕部背伸功能障碍及腕下垂畸形明显改善，力量稍差，外敷内服药物同前。

连续治疗 8 周，患肢无肿胀及压痛，外观无畸形，患肢无异常活动，神经损伤症状消失，拆除夹板、压垫，指导患者肩肘关节功能屈伸、旋转功能锻炼，再2周后肩肘关节活动均正常，日常生活基本不影响。

按语：

肱骨干骨折最常见也是最重要的一个并发症就是桡神经损伤。多数为牵拉或骨折端挤压所造成的不完全性损伤，在数天至数月内可自行恢复。若2~3月内未恢复者可考虑手术探查。在观察期间，应将腕关节置于功能位，活动手指关节，防止腕关节下垂畸形及指间关节粘连。对于桡神经断裂可能性大的，早期进行手术探查。骨折远段向桡侧移位与桡神经走形相反等，可做早期手术探查。此外，还可合并有血管损伤，关节功能障碍、骨折不愈合等并发症。

该患者为肱骨干骨折且合并桡神经损伤，损伤程度重，骨折移位明显，早期患处肿胀明显，欲到达理想骨位可能性较小。经过何氏骨科手法整复，整复后患者骨折仍有轻度移位，但此种轻度移位无明显成角，在后期经过外固定压垫及夹板作用可进一步纠正骨位，愈合后对功能无影响，不需过于强求到达解剖复位而反复整复。该患者经过手法整复后再以压垫、夹板纠正残余移位，以钢丝托板及三角巾悬吊托举前臂，以防止骨折分离移位及加重神经损伤，复位整复后早期局部外用何氏外敷消肿止痛散，用绷带包扎；中期依据何氏骨科"分部位用药"理论，断端处外敷何氏续断接骨散促进骨折修复，周围外敷何氏通督散促进神经修复。同时在骨折较稳定后，即开始在外固定夹板固定下进行适量肘关节屈伸活动，对防止肘关节粘连起到了重要治疗作用，骨折稳定后去除外固定，肘关节轻度粘连，配合功能锻炼及外用中药治疗后右上肢功能完全恢复。

何氏骨科治疗肱骨干骨折，重视复位，更重视固定，尤其是压垫的运用，良好的运用固定和压垫不仅可以维持骨折端的良好对位，而且可以明显纠正残余移位，甚至很多严重粉碎性骨折为了避免复位导致神经、血管的损伤或再次加重创伤导致延迟愈合、不愈合的发生，何氏骨科放弃手法复位，只是采用小夹板和压垫固定，并依据骨折对位情况定期调整夹板和压垫，同样能很好地对位对线，大大减少了病员的痛苦，缩短了创伤愈合时间，为骨折病员的治疗提供了一条新的思路。

（整理：李先畔）

二、肱骨干骨折内固定术后延迟愈合

（一）理论认识

肱骨干骨折术后骨不愈合是骨科常见并发症，与肱骨干本身的特点及骨折的部位、程度、软组织损伤情况有关，而内固定技术不规范则是造成术后骨不愈合的主要外在因素。

肱骨干骨折术后骨不愈合既有患者自身原因，又有医源性因素。由于上臂活动度大，骨折产生的剪切力、旋转应力使骨折断端承受过大的外力，影响愈合。从解剖因素分析，进入肱骨干的滋养动脉大多只有一支，肱骨干骨折易损伤该动脉，致骨折部位血供障碍，影响愈合。骨折后局部血供障碍和不利的力学环境是导致肱骨干骨折术后骨不愈合的主要内在因素。骨科医生常用的钢板内固定为偏心性内固定，承受的弯曲应力较大，并非理想内固定物；而带锁髓内钉虽可弥补钢板内固定的不足，但限于条件，目前尚不能完全替代钢板。

在四肢长骨干骨折中，肱骨干骨折后骨不愈合的发生率较高，其主要原因是骨折后局部的血供破坏和不利的力学环境所致。在一般内固定后，重力及肢体活动时的旋转应力致使骨折端的分离倾向，不利于骨折的愈合。从解剖因素分析，进入肱骨干的主要滋养动脉大多（86.3%）只有 1 支，骨折或手术的损伤往往造成骨折端血供障碍。这些是影响肱骨干骨折后骨不愈合的根本原因。几年前国内普遍采用普通髓内钉和钢板内固定治疗肱骨骨折，虽然治愈了大量病人，但由于病例选择和技术掌握上的问题，加上此类内固定物本身的缺陷，造成骨不愈合较多。就普通髓内钉而言，肱骨干中上段呈近似圆柱形，但下段却为前后扁平状，因此髓内钉在固定骨折时难以进入下端的髓腔，易导致骨折端分离，且难以控制骨折端的旋转。就钢板内固定而言，由于术中对骨折端软组织的广泛剥离，往往损害局部血供；一般钢板固定也较难控制骨折端微动，术后加用外固定时间一般较短，出现骨折不愈合在所难免，甚至发生拔钉、钢板折断等现象。

骨折迟缓愈合是指骨折经过治疗后，超过同类骨折正常愈合的最长期限。骨折处仍有肿胀、压痛、轴叩痛、异常活动、功能障碍之类的局部症状。X 线片显示骨痂生长缓慢、没有连接、骨折断端无硬化现象、有轻度脱钙和骨髓腔仍通者，延迟愈合多由过度牵引、粗暴整复、复位不良、固定不稳、软组织嵌夹、感染、体质虚弱等原因引起。如能除去妨碍愈合的因素，多能愈合。中医骨伤科对延迟愈合积累了丰富经验。除了在骨折治疗的一开始就十分重视不过度牵引，讲究整复手法，采用稳固而不过分的固定，防止软组织嵌夹外，更十分重视外敷内服中药促进骨痂生长。对体健强壮者，采用行气活血、消肿化瘀、续筋接骨的中药促进骨痂生长，防止骨折延迟愈合；对易患感染者采用凉血解毒消炎续骨的中药控制感染帮助骨折修复，对体质虚弱者采用健脾补气、培元固肾、益气养血、补益肝肾等中药，使延迟愈合的骨折得到痊愈，不至向差的方面发展为骨不连接。这些方法在临床应用中取得了十分突出的成绩，引起国外的重视，值得认真总结研究。骨折不愈合是指骨折所需愈合时间再三延长后，骨折仍没有愈合，断端仍有异位活动。X线片显示骨折断端互相分离，骨端硬化、髓腔封闭者常用手术治疗。

（二）临床医案

韩某，男，25岁，川交公路一处三队工人。

主诉：肱骨中下段粉碎性骨折内固定术后8月。

刻诊：患肢上臂肿胀疼痛，压痛甚，髓内针穿过尺骨鹰嘴，暴露皮外，长约4 cm，本院拍X线片示：左肱骨中下段粉碎骨折，髓内针内固定，断端略分离并向外凸成角约20°，折部无骨痂生长，肘关节骨质密度减低。

诊断：左肱骨中下段粉碎骨折延迟愈合（图3）

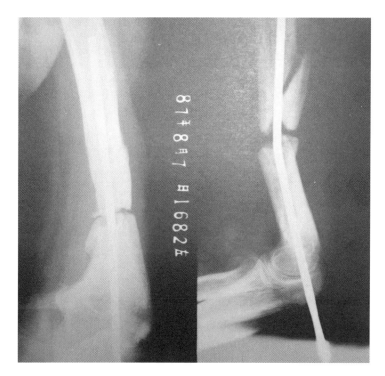

图 3

辨证：血瘀气滞、肝肾亏虚证。

治则：活血化瘀、行气止痛、滋补肝肾。

治法：小压垫调整、小夹板固定。

治疗：患者因受暴力较大，合并软组织损伤较重，局部瘀血肿胀，加之髓内针内固定破坏了骨内血运，断端未能紧密接触，使患肢正常生物应力分布不平衡，肌肉的内力收缩和肢体重力作用使断端分离、成角、髓内针弯曲，影响骨折愈合。予以骨折处外敷续断接骨散，周围外敷消肿止痛散。在骨折成角处加小压垫一个，小夹板固定，绷带包扎，三角巾悬吊患肢于功能位，内服肿痛宁胶囊，每天 3 次，每次 4 粒。

二诊：20 天后患肢肿胀消失、疼痛、压痛减轻。改内服接骨续筋胶囊以续筋接骨，骨折处外敷药同前。1987 年 9 月 14 日我院 X 线复查示：断端分离缩小，向前成角 12°，有少量骨痂生长。内服药同前，骨折断端改敷何氏生骨散，周围敷止痛壮骨散，固定同前。

三诊：1988年3月10日我院X线片复查示：骨折部骨痂较前增多。内服止痛壮骨胶囊，每天3次，每次4粒，补益肝肾，强筋壮骨，外敷药物同前。

四诊：1988年7月1日复查X线片示，折部有大量骨痂生长，成角已纠正。摘除髓内针，内服、外敷药及外固定同前。治疗半月后患者自感患肢有力，能提5 kg重物。

五诊：拆除外固定后，1988年10月19日我院X线片示（图4）：折线模糊，骨折愈合，仅感活动过多及气候变化时局部酸胀痛。嘱保暖，避风寒，适度锻炼肌力，临床痊愈。

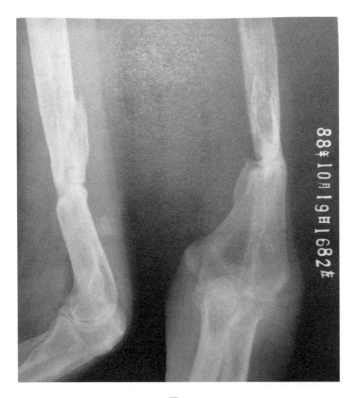

图4

按语：

骨折迟缓愈合主要指机体骨折在正常愈合所需时间内仍未达到骨折完全愈合，临床经X线片摄片结果：患者骨折部位骨结痂少，轻度脱钙，骨折线明显，但无骨硬化。造成骨不愈合的主要因素包括：骨缺损、伤口感染以及固定不牢等，中医理论认为，骨骼修复与气血盛衰相关，机体骨折后因肝肾不足，气血亏虚，修复机能低下，加之患者自身条件在治疗过程中易出现自身修复能力降低，加之初诊时手法实施的力度及损伤程度直接影响了骨折处的血供从而对骨折部位的骨痂形成造成不利因素。中医药治疗骨折迟缓愈合，辨证多为损伤日久，气血亏虚，肝肾不足，筋脉失养，故治疗多采取"虚则补之"，中医治疗骨折迟缓愈合多以补肾活血为主。何氏骨科运用独特的祖传中药及分部位用药理论。生骨散外敷骨折处，其中骨碎补等以达补益肝肾，其中土鳖虫祛瘀生新、续筋骨。周围外敷消肿止痛散，其中川芎为血中之气药，长于行气活血止痛；因为气行则血行，气滞则血滞。要使血液循环正常，先使气机舒畅；要使瘀血排除，先使气血通利。气药，长于行气活血止痛；而当归为治血病之要药，能增强川芎活血化瘀、行气止痛之力；二者共为君药；木香行气止痛，青皮疏肝胆、破气滞、有助于瘀肿的消散；乳香、没药能活血止痛、消肿生肌，血通主通血脉，利关节，消肿散瘀五味药为臣；赤芍既清热凉血，又增强川芎、当归活血化瘀、通经活络，使血止而瘀不留；延胡索活血行气，能行血中气滞，气中血瘀为佐；红花辛散温通，故有活血祛瘀通经之效，能增强川芎活血化瘀作用以达消除局部肿胀，从而达到祛瘀生新以利骨痂生长。配合中期口服接骨续筋胶囊以续筋接骨、后期给予口服止痛壮骨胶囊以补益肝肾体现了何氏骨科"外治为主，内治为辅"的理论特色，有效地增强骨折断端骨痂的形成。

（整理：李先畔）

三、肱骨髁上骨折

（一）理论认识

肱骨髁上骨折系指肱骨下端内外两髁之上 2 cm 松质骨与密质骨交界处发生的骨折。儿童肘前关节囊和侧副韧带坚固，不易脱位，易骨折。肱骨下端有一30°～50°的前倾角，肱骨下端关节面向外倾斜，当肘关节伸直时，有5°～15°外偏，称携带角。过大则为肘外翻，过小则为肘内翻。肱骨内外髁与尺骨鹰嘴伸直位时在一直线上，屈曲位呈等腰三角形。肘三点关系可用于与脱位鉴别。肱骨下端前面有大血管与神经干通过，治疗中密切注意有无损伤。

肱骨髁上骨折的治疗方法有手法复位、小夹板或石膏外固定、闭合复位经皮克氏针固定及切开复位内固定。肘关节僵硬、骨化性肌炎、缺血性坏死、血管、神经损伤和后遗肘内翻畸形是其常见的并发症。在微创技术日渐成为现代外科主流的今天，手术切开复位内固定虽能获得较满意的复位，但不能防止肘内翻的发生，且其术后并发关节粘连、骨化性肌炎、骨感染等造成的关节损害发生率高且多难以恢复，闭合复位克氏针内固定术虽创伤相对较小，但也存在麻醉意外、尺神经损伤、内固定松动、针道感染等风险与并发症。

（二）临床医案

曾某，女，3 岁，1987 年 9 月 2 日初诊。

主诉：左肘伤痛伴活动困难 1 小时。

刻诊：1 小时前因跳跃摔倒，左上肢不能活动，哭闹。家长送来我院急诊摄 X 线片（图 5）报告：左肱骨髁上骨折，远折端全后移，并外移 1/2，断端略重叠，软组织肿胀明显，携带角消失。

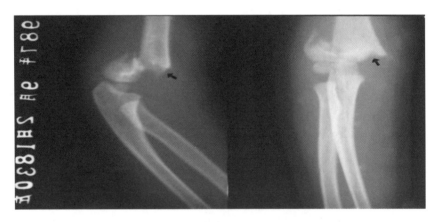

图 5

诊断：左肱骨髁上骨折（伸直型）。

辨证：骨断筋伤、气滞血瘀。

治则：活血化瘀、行气止痛。

治法：手法整复，外敷内服中药，压垫、小夹板固定，三角巾悬吊。

手法：患者取坐位，由助手将患者上臂固定，医者左手握住患者手腕，肘半屈位，用力拔伸牵引患肢，同时，医者右手托握患肢骨折部，以虎口抵推骨折近断端、中、四指扣拉骨折远断端，拇指用力并同时使患肢屈肘至60°左右，即可复位。要求医者双手协同配合，牵引下达到瞬间复位。

外用：手法整复后患肢辨证外敷何氏消肿止痛散，使用联合夹缚固定术固定。肱骨外髁处置一弧形小压垫，用三条胶布交叉粘贴固定，然后外敷中药，再用绷带由内向外包扎几圈，用四块小夹板固定。夹板要求前后两块的下端呈向上的弯月弧形且外面分别有一突起的小栓以便绑带捆扎。前侧夹板下端弧形置于肘窝；后侧夹板下端的弯月弧形则处置于尺骨鹰嘴且上方放一棉垫，棉垫的厚度根据远折端后移程度及整复后残留移位情况而决定。内侧夹板下端超过肱骨内髁 1 ~ 2 cm，外侧夹板下端至肱骨外髁，四块夹板上端应不影响肩关节活动为准，用扎带绷带包扎屈肘80°固定。三角巾悬吊患肢于屈曲前臂旋后位贴胸。

内服药物：何氏肿痛宁胶囊，每天3次，每次1粒。

医嘱：

1. 复查X线片报告回示：左肱骨髁上骨折复查，远折端后、外移位已纠正。手法整复后禁止屈肘及应力刺激，防止移位。

2. 复位固定后立即进行功能锻炼。早期做握拳伸指运动，即肩、肘、腕三大关节保持不动，仅手一面徐徐握拳，一面再徐徐伸指，使手部各肌肉、前臂各肌腱都得到正常的生理舒缩。

3. 注意观察左上肢肢端血运及手指运动及感觉情况。任何不适，立即就诊。必要时拆除外固定。

4. 三日后复诊。

二诊：1987年9月5日复诊，观局部肿胀，局部疼痛较前减轻，小夹板固定松紧度适应。复查X线片提示骨折对位对线可。继续左肘外敷消肿止痛散行气活血，隔日一次，压垫、夹板固定，调整松紧度，嘱继续加强握拳伸指锻炼。观察患肢远端血运、感觉及手指活动情况。四日后复诊。

三诊：1987年9月9日复诊，局部肿胀、疼痛明显减轻。复查X线片提示骨折对位对线同前，周围软组织肿胀减轻。左肘外敷药物调整为骨折处外敷续断接骨散接骨续筋，周围外敷消肿止痛散行气活血，隔日一次。一周后复诊。

四诊：1987年9月21日复诊，局部肿胀、疼痛明显减轻。复查X线片（图6）提示骨折对位对线好，可见少许骨痂生成。左肘继续骨折处外敷续断接骨散接骨续筋，周围外敷消肿止痛散行气活血，隔日一次。内服药物调整为何氏接骨续筋胶囊，每天3次，每次1粒，续筋接骨。指导患者加大患肢腕部活动，适当肩部运动。

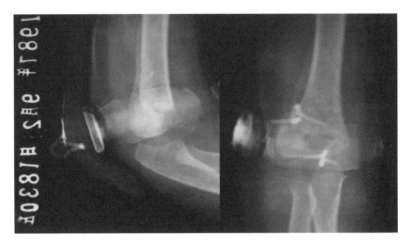

图6

经治疗一月后复查X线片显示：骨折对位对线良好，中量骨痂生长。进行自主的肘部功能锻炼，功能恢复良好。

按语：

肱骨髁上骨折是儿童最常见的骨折之一，多发生于5～12岁儿童，占儿童肘部损伤的50%～60%。由于受伤机制不同，可分为伸直型、屈曲型。伸直型占绝大多数。无论伸直型或屈曲型，肱骨下端除接受前后暴力外，还同时伴有来自尺侧或桡侧的侧方暴力，因此骨折远端均可能有向桡侧或尺侧的侧方移位。本案例主要概括为伸直型（桡偏型）骨折。

遵循何氏骨科"骨伤手法治疗为先"的理论原则，首先予骨折手法整复。整复后根据"治骨先治肉"辨证外敷内服中药，同时采用"联合夹缚固定术"固定。该病案早期辨证为骨断筋伤、气滞血瘀。伤后血液离经成瘀，气机受阻，气伤痛，形伤肿。何天佐在临床治疗中，认识到"从气论治"是损伤治疗大法。"气为血帅，气行则血行"是为"重视有形之血，更重视无形之气"的最好诠释。骨折手法整复后，使血回故道筋回槽，气机调达，肿胀立消。在复位后，患肢使用何氏骨科专科外敷药"消肿止痛散"，也是"从气论治"理论的临床应用。

何天佐在总结前人"骨伤三期辨证用药"的基础上，创新性地提出了"骨伤分期分部位用药法"，在运用外敷药治疗骨伤疾患时，采取了对不同部位，不同症状外敷不同中药的方法，外敷药直接用药作用于患部，明显提高了药物使用的精准性，缩短了治疗周期，力专效宏，可明显提高疗效。本病案早期辨证为气滞血瘀，在患肘使用行气活血、消肿止痛的何氏骨科专科用药"消肿止痛散"，气血通畅、肿胀消退才能为骨折的修复做充足的准备；随肿胀消退，中期在骨折处辨证外敷何氏骨科专科用药"续断接骨散"活血化瘀、接骨生新，周围外敷"消肿止痛散"行气活血；骨折后期继续调整用药，在骨折患处使用"生骨散"健骨填髓，周围外敷"松痉解凝散"松解粘连，后期根据实际情况选用。"骨伤分期分部位用药法"用药及辨证更精细和准确，"何氏骨科联合夹缚固定术"有效维持骨位，为骨折愈合提供有利条件，大幅提高了临床疗效。

（整理：刘昌鹏）

四、肱骨外科颈骨折

（一）理论认识

肱骨外科颈位于解剖颈下 2 ~ 3 cm，胸大肌止点以上，此处由松质骨向皮质骨过渡且稍细，因为是力学薄弱区，所以骨折较为常见，多发于青少年或老年骨质疏松人群，主要由间接暴力所致。流行病学调查显示，肱骨外科颈骨折占全身骨折的 3% ~ 5%，占肩部骨折的 22%。常表现为骨折处肿胀、疼痛以及活动受限、广泛皮下瘀斑等，若得不到及时治疗，将严重影响患者生活质量。

西医认为大部分的肱骨近端骨折需手术处理，但由于老年患者严重骨质疏松，使用内固定时对螺钉的把持力较差，导致固定稳定性不可靠，很容易术后出现内固定松动、退钉而导致内固定失败，或者出现肱骨头坏死（10%）。肩关节置换术虽然可以缓解疼痛，避免术后长期的制动，早期即可恢复日常生活自理能力，但肩关节功能常不理想。中医保守治疗肱骨外科颈骨折采用手法复位、外敷中药、夹板固定等，具有无创伤、节约医疗成本、减轻病人经济负担、功能恢复好等优势，充分体现了中医的特色和何氏骨科的独特疗效。

（二）临床医案

罗某，女，11岁9月，1989年12月14日初诊。

主诉：右肩伤痛4小时。

刻诊：4小时前从梯子上摔下，右肩部剧烈疼痛，右上肢不能活动，立即由家属送至我院就诊。门诊摄X线片提示（图7）：右肱骨外科颈骨折，远折端向外上方完全性移位。

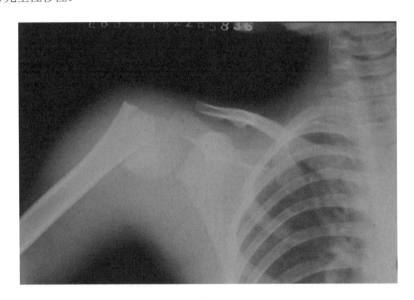

图 7

诊断：右肱骨外科颈骨折（内收型）。

辨证：气滞血瘀、骨断筋伤。

治则：活血化瘀、行气止痛。

治法：手法整复，外敷内服中药，压垫、小夹板固定，三角巾悬吊手法。

手法：患者坐位，肩部固定，一助手握住患肢肘部和腕部，术者立于患侧，双手固定住患肩，助手将患肢外展70°位进行拔伸牵引，以矫正缩短移位和嵌插畸形。然后术者以一手置于远折端外侧，另一手置于上臂的近端内侧，两手对向挤按以矫正骨折的侧方移位，同时助手使患肢加大外展超过 90° 还可纠正骨折的向外成角，接着术者两手拇指置于近折端后侧，其余 8 指环抱远折端前侧，对向推按，同时助手在拔伸下将患肢上臂逐渐前屈达 90°，以矫正向前成角和向前侧方移位。

外用：外敷用药按骨折三期应用何氏外敷药，局部外敷中药消肿止痛散后，根据骨折移位及成角方向，分别置以小压垫三点加压固定，用超肩小夹板固定，内侧夹板下端不超过肱骨髁上，上端不应过度抵压腋部，避免压迫血管神经。将患肢固定于外展位。

内服药物：何氏肿痛宁胶囊，每天 3 次，每次 2 粒。

医嘱：

1. 复查 X 线片报告：右肱骨外科颈骨折，经手法复位后，骨折断端对位对线好。

2. 整复固定后即可嘱患者做手指、腕部的屈伸和前臂轻微旋转等活动。在骨折连接以前，防止内收活动。

3. 注意观察右上肢肢端感觉、血循、活动情况。

4. 两日后复诊。

二诊：1989 年 12 月 16 日复诊，局部肿胀减轻，局部疼痛较前减轻，小夹板固定松紧度适应。继续右肩外敷消肿止痛散行气活血，隔日一次，压垫、夹板固定、三角巾悬吊，调整松紧度，嘱继续加强手指、腕部的屈伸和前臂轻微旋转等活动。观察患肢远端血运、感觉及手指活动情况。

三诊：1990 年 1 月 4 日复诊，复查 X 线片提示骨折对位对线可（图 8）。局部肿胀轻微，局部疼痛较前明显减轻，继续调整夹板固定松紧度。外敷药物调整为骨折处外敷续断接骨散接骨续筋，周围外敷消肿止痛散行气活血，隔日一次。口服药物调整为接骨续筋胶囊，每天 3 次，每次 2 粒。

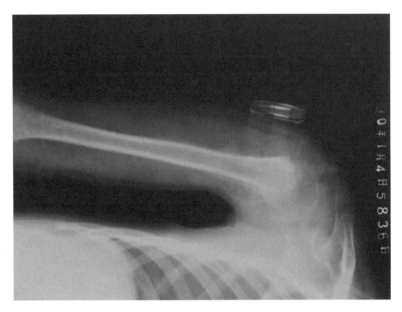

图 8

连续治疗 4 周，拆除夹板、压垫，指导患者行肩关节各方向锻炼，活动范围循序渐进，动作的次数一般以患者有轻度疲劳感为妥。上肢舒筋汤熏洗，每日一次，一次一袋。

按语：

肱骨外科颈的解剖学特点使此处极易发生骨折，为近关节骨折，目前大多数学者对其多采取保守治疗。该处骨折后两骨折端面积较大，复位后接触面较广，易于嵌插，属稳定性骨折，且血液循环丰富，故易于愈合。又因该骨折是接近关节在结节间沟处附近的骨折，其周围肌肉比较发达，肩关节的关节囊和韧带比较松弛，骨折后局部血肿与其附近软组织较易发生粘连。同时，骨折移位会直接影响到结节间沟的平滑，致肱二头肌长头腱发生粘连，如长期固定，则易发生肩凝，严重地影响肩关节的活动。

我们是利用力学杠杆原理并结合骨折部位的解剖关系，利用关节的功能活动化解肌肉阻碍复位的拮抗力，调动人体自身恢复平衡的动力以恢复机体的内平衡来整复该骨折。在肱骨外科颈骨折的治疗中，还应重视肩关节发生粘连导致关节功能受限甚至是障碍是最常见的并发症。所以选择对肩关节损伤较小的复位，合理有效的外固定，及尽早的肩关节功能恢复锻炼，有助于肩关节功能的恢复。采用何氏骨科"挥手法"及"联合夹缚固定"治疗外科颈骨折，较之手术具有取材方便，成本低廉，不需要复杂的器械和设备，更不需要昂贵的内固定材料，并发症发生的概率明显降低，患者易于接受等特点。

近年来，越来越多的临床医生迫于各种社会压力，家长要求解剖复位，避免外观畸形引起医疗纠纷，有扩大手术治疗范围的趋势。儿童肱骨近端的生长塑形能力强大，何天佐认为，对儿童肱骨近端骨折的治疗，应尽量保守治疗，手法整复时不必过分追求解剖对位，要充分考虑儿童的塑性能力，避免手术对儿童带来身体和心理的影响。

（整理：刘昌鹏）

五、桡骨远端骨折

（一）理论认识

桡骨远端骨折是指距桡骨远端关节面 2 ~ 3 cm 以内的骨折，多见于老年妇女，青壮年发生均为外伤暴力较大者，是松质骨和密质骨的交界处，横截面呈四边形且骨皮质较弱，因此力学结构较弱，骨折后容易发生松质骨的塌陷，皮质骨的粉碎及桡骨缩短现象。明代朱楠著《普济方》首先记载了伸直型桡骨下端骨折移位的特点，采用超腕关节夹板固定。清代胡延光著《伤科汇纂》则将此骨折分为向背侧移位和向掌侧移位两种类型，并采用合理的整复及固定。西方直到 1814 年，才由都柏林的科勒（Abraham Colles）首先描述为伸直型桡骨远端骨折。

桡骨远端骨折主要分为伸直型和屈曲型，临床上结合受伤体位、畸形、X 线片情况，可明确诊断。目前主要的治疗方法中，手术治疗并不具备普遍适用性，尤其是老年桡骨远端骨折患者对手术耐受性差，术后并发症多，而保守治疗主要采用手法复位联合小夹板或石膏外固定，其中小夹板治疗成本低，对周围的软组织损伤最小，且操作简单，受力直接，保证血液循环的同时可进行循序渐进的康复锻炼。传统的保守疗法后患者多有持续性的肿胀、疼痛，不利于早期功能锻炼，但何天佐治疗桡骨远端骨折强调瞬间复位，减轻复位时患者疼痛感，具有用时短、瞬间准确整复、患者疼痛感少、减少再次损伤、有利于关节功能早期恢复等特点，配合联合夹缚固定术及分部位用药法，能有效缓解患者持续肿胀、疼痛等症状，促进疼痛减轻、肿胀消退，有利于早期功能锻炼和骨折修复。

（二）临床医案

案1：刘某，女，50岁，1991年1月26日初诊。

主诉：左腕伤痛1小时。

刻诊：1小时前走路不慎滑倒，左手手掌撑地受伤，当即左腕部畸形剧痛遂来我院急诊。经X线片报告（图9）：左桡骨远端粉碎性骨折，形成多个碎骨片，远侧断端显著向背侧移位合并餐叉畸形。

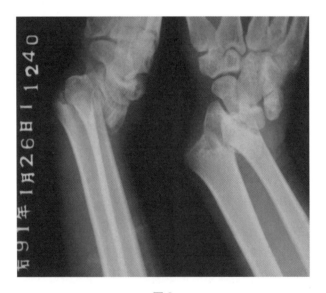

图9

诊断：左桡骨远端粉碎性骨折。

辨证：血瘀气滞证。

治法：手法整复、小夹板固定，外敷内服药物活血化瘀、行气止痛。

手法：何氏瞬间复位法整复骨折：患者坐位，患肢外展，肘屈90°，前臂中立位，术者在患肢前外侧，一手与患者虎口对握，食指钩住患者第一掌骨基底渐渐加力拔伸牵引，另一手拇指按于折骨移位最大点，其余四指在尺侧掌侧作稳定。

在牵引达到已拉开嵌入而使远折端松动时，突然强力迫使患者腕掌屈及尺侧屈，并同时用力按压卡扳相结合，迫使远折端复位。一旦复位，立即将患手恢复到中立位，整复结束。

外用：左腕外敷消肿止痛散行气活血，隔日一次，用一块弧形压垫及夹板、扎带、绷带包扎，三角巾悬吊。

内服药物：何氏肿痛宁胶囊，每天3次，每次4粒。

医嘱：

1. 复查X线片报告（图10）：左桡骨远端粉碎性骨折伴餐叉畸形，经矫正后，现已对位、对线良好。

2. 加强患肢握拳伸指锻炼，左前臂禁止旋转运动。

3. 注意观察左腕肿胀、疼痛和左上肢肢端感觉、血循、活动情况。

4. 两日后复诊。

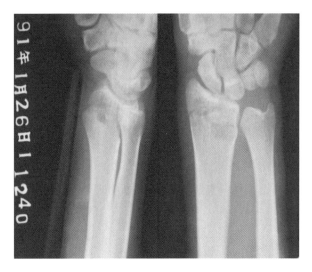

图 10

二诊：1991年1月28日复诊，观左手背及左腕关节肿胀，局部疼痛较前减轻，夹板松紧适应。继续左腕外敷消肿止痛散行气活血，隔日一次，压垫、夹板固定，调整松紧度，观察有无压疮、张力性水泡，指导患者加强握拳伸指锻炼。

三诊：1991年2月6日复诊，观患者左手背及左腕关节肿胀已基本消退，局部疼痛明显减轻。左腕外敷药物调整为骨折处外敷续断接骨散接骨续筋，周围外敷消肿止痛散行气活血，隔日一次。口服药物调整为接骨续筋胶囊，每天3次，每次4粒。

连续治疗4周，复查X线片报告提示，骨痂生长，可拆除夹板、压垫，指导左腕关节功能屈伸、尺偏、桡偏运动功能锻炼，再2周后左腕活动均正常，日常生活基本不受影响。

按语：

桡骨远端骨折是临床上最常见骨折之一，在2009年的超过8 700万美国人的上肢骨折样本中，最常见的骨折部位是桡尺骨远端。该部位属于应力薄弱区，很容易骨折，随着人口老年化，骨质疏松发病率上升，桡骨远端骨折发病率亦急剧升高。当患者发生桡骨远端骨折时，尺偏角的缩小、桡骨茎突高度的降低导致下尺桡关节的失稳，影响患者正常的握力。该骨折主要症状有手腕部肿胀疼痛、活动受限、关节畸形等，影响患者正常生活，给患者带来了巨大的痛苦。

何天佐治疗桡骨远端骨折，重视整复固定、手法、药物，将理法方药融为一体，利用杠杆力学、生物力学原理，有别于其他千篇一律的治疗方法，强调先行手法治疗，恢复骨折断端，然后配合中药外敷、夹板对骨折进行固定，中药内服，通过全面的治疗加速骨折愈合速度，减轻患者痛苦。在施术前先对患者进行健康教育，告知患者中医手法整复的方法、作用，减轻患者的心理应激反应。在复位治疗时通过瞬间牵引力的作用将骨折复位产生阻碍的肌力消除、化解对抗肌力，将患者的骨折部位通过手法瞬时复位，以此完成骨折整复工作，降低患者的疼痛感，改善患者的关节功能以及恢复后的生活能力，所有整复均采用复合式手法，一气呵成，可以减少操作不当造成的二次伤害。

固定运用何氏骨科联合夹缚固定术。压垫为君，夹板为臣，扎带、绷带为佐使。根据患者患肢体形，用一纸壳剪成一块椭圆形压垫，折弯约90°，压垫宽度为远折端的3/2，长度略长于折线桡背侧长度的和，纸壳内衬棉垫，放置于骨折部的桡掌侧，压垫的2/3位于骨折远端，1/3位于近端；选用吻合患者肢体形的小夹板四块，掌、桡侧夹板超关节，以扎带固定；扎带松紧度为上下移动不超过移动1 cm；绷带包扎固定。最后使用防旋板固定前臂，患肢悬吊于屈曲功能位。

（整理：周跃辉）

六、三踝骨折

（一）理论认识

三踝骨折即内踝、外踝和后踝同时发生不同程度的骨折或骨裂。内踝是胫骨远端的，外踝为腓骨远端。后踝又叫后唇，是胫骨和距骨关节面的后缘。人体踝部包括距上关节、距下关节和距舟关节三部分，关节面的几何形状决定了运动学特征。内、外踝及胫骨关节面后下缘共同组成踝穴，距骨上面的关节面位于踝穴。在冠状面上，外踝比内踝低 1 cm，矢状面上，外踝比内踝偏后 1 cm，正常内外踝最低点连线与踝关节面构成的夹角为 3°～11°，且胫骨远端的后缘向下方延伸形成后踝。踝关节运动的方式是由距骨体滑车关节面的形状所决定的主要为背伸和跖屈，距骨体前宽后窄，背伸时由于较宽的距骨滑车进入踝穴所以踝关节较稳定。距下关节是由距骨下的关节面与跟骨上关节面构成，主要负责足的内翻和外翻。矢状面的运动主要是距上关节参与，在冠状面中，距上关节和距下关节都参与运动。距舟关节由距骨的舟骨关节面和舟骨的后关节面构成，也具有内、外翻的功能。三踝骨折患者的骨、关节形态或者其他特征存在一定的异常，骨、关节的形态会影响踝的稳定性。三踝骨折可以根据距骨是否脱位分为稳定型和不稳定型，根据距骨脱位的方向将不稳定型三踝骨折分为距骨外脱位型、外后脱位型、后脱位型，并按照有无下胫腓联合分离把上述三种非稳定型骨折分为 a、b 两个亚型。其中稳定性骨折因为没有发生距骨脱位和下胫腓联合分离，所以踝关节相对稳定。而非稳定型骨折多由旋转暴力所致，踝关节胫骨后侧、外侧的解剖结构和力学结构均遭到损伤和破坏，踝关节稳定性下降。

（二）临床医案

郑某，男，42 岁，厨师。初诊时间：1989 年 8 月 7 日。

主诉：摔伤致右踝肿痛、活动受限 1 天。

刻诊：病员于 1 天前走路时不慎摔伤右踝关节，致右踝肿胀、疼痛、活动受限、不能站立，无头晕、头痛，在家休息一天未见好转，求诊我院，门诊医师检查体征后给予摄 X 线片提示（图 11）：右三踝骨折，断端移位明显。

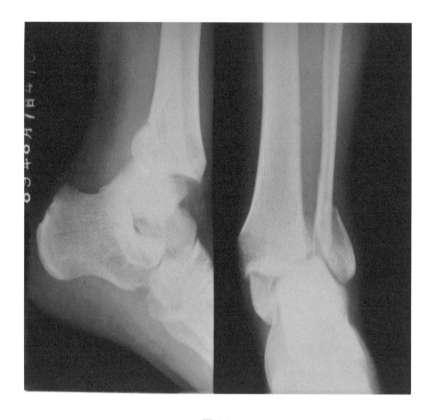

图 11

诊断：右三踝骨折。

辨证：血瘀气滞证。

治则：活血化瘀、行气止痛。

治法：手法整复、小夹板固定。

手法：使用何氏骨科手法进行整复：患者坐位，患肢水平放置足架上，固定不动。医者与患者对坐，左手握患足跖部，右手握患肢跟部，其中大指放在内踝，近折端下缘约在拇指末节中部；食指和中指末节放在外踝，食指末节齐远折片上沿；无名指和小指与大鱼际在跟骨两侧对称用力，紧贴跟骨两侧面。左手将患足拉成跖屈位，沿距骨纵轴线方向双手同时用力牵引。牵引力不变，同时双手将足强力内翻，右手拇指顶住内踝，右手其余四指向内上用力。靠腓骨远折部抵靠距骨，使距骨从侧移位回复正中位，并继续朝胫侧移动，挤靠胫骨折片回原位。右手拇指和食指中指稳住已复位的内外踝，左手将足被动极度背伸。猛然将足跖屈，同时用右手食指近节顶抵后踝，则距骨脱位和后踝移位可同时整复。将足被动背伸和跖屈两次，整复结束。

外用：左右踝敷消肿止痛散行气活血，隔日一次，用两块弧形压垫及夹板、扎带、绷带包扎。

内服药物：何氏肿痛宁胶囊，每天3次，每次4粒。

医嘱：

1. 复查X线片报告：右三踝骨折复查，经矫正后，现骨折断端对位、对线良好。

2. 维持骨折夹板外固定，加强患肢足趾屈伸锻炼，禁止旋转运动，禁止下地活动。

3. 注意观察右足踝肿胀、疼痛和右下肢肢端感觉、血循、活动情况。

4. 嘱清淡饮食，忌辛辣和油腻。

5. 两日后复诊。

二诊：1989年8月9日复诊，观右踝关节肿胀，局部疼痛较前减轻，夹板松紧适应。继续右踝外敷消肿止痛散行气活血，隔日一次，压垫、夹板固定，调整松紧度，观察有无压疮，指导患者加强足趾屈伸锻炼。

三诊：1989年8月11日复诊，复查X线片报告提示（图12）：右三踝骨折复查，经矫正后，现骨折断端对位、对线良好。查体见右踝关节肿胀疼痛较前进一步减轻，夹板松紧适应。压垫、夹板固定，调整松紧度，观察有无压疮，右踝外敷药物调整为骨折处外敷续断接骨散接骨续筋，周围外敷消肿止痛散行气活血，隔日一次。口服药物调整为接骨续筋胶囊，每天3次，每次4粒。

连续治疗4周，拆除夹板、压垫，指导患者加强足趾屈伸锻炼，再4周后右足踝活动均正常，日常生活基本不影响。

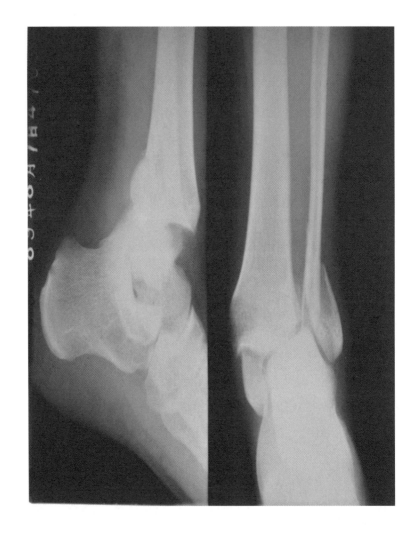

图 12

按语：

踝部骨折多是由于内外踝附着的韧带撕拉胫腓骨远端及距骨从内撞击打踝部
所致。由于踝部是身体承重最大的关节部，复位完善与否对后期功能影响大，故
要求尽量做到对位对线准确。三踝骨折有三块不同位置的折片，而且往往伴有距
骨脱位，给整复带来困难。

给予手法整复后，先用两块弧形压垫置于内踝和后踝，外踝压垫根据折块大
小（如外旋型的三度骨折）及移位程度可用弧形压垫，也可用蝌蚪状压条，用胶

布粘贴固定（压垫放置和胶布粘贴方向的选择如前所述）。外敷中药后用绷带包扎，并用夹板五块，内外侧夹板上至胫骨内外髁下，下超踝关节，在内、外踝处呈"U"形，其上段根据小腿形状塑形，胫骨的前、外侧夹板较内、外侧夹板窄，其长度不影响踝、膝关节活动为准，后侧夹板根据小腿形状塑形，上至腘窝下，下至跟骨结节上，再用扎带、绷带包扎固定。固定时，应将患踝固定于与暴力作用方向相反的位置。如内翻型骨折固定于轻度外翻背伸位；外翻型骨折及外旋型骨折固定于轻度内翻背伸位；三踝骨折固定于中立位。绷带缠绕方向亦应与要求保持位置一致。

三踝骨折的早期功能锻炼，有促进功能恢复的作用，且对进入关节面的折端有研磨造型作用，应当积极进行。两周内应当作趾关节的活动及小腿肌的舒缩运动，帮助气血运行，三周后逐渐做踝的屈伸运动，但应以不使患部疼痛的自主运动为主，拆除夹板后应逐渐加强踝部的旋转屈伸运动。在治疗的各个时间，患者每次外敷中药的换药时，医者都应在重复检查之后，用手法推拿按摩，帮助关节活动，尽量缩短功能恢复时间。

本病例采用何氏骨科手法复位，并使用内外踝夹板外固定法固定。手法整复后复位效果佳，一个半月后拆除外固定予功能恢复治疗，经治疗两个月后功能恢复良好。

踝关节面比髋、膝关节面积小，但其承受的体重却大于髋膝关节，而踝关节接近地面，作用于踝关节的承重应力无法得到缓冲，因此对踝关节骨折的治疗较其他部位要求更高，踝关节骨折解剖复位的重要性越来越被人们所认识，骨折后如果关节面稍有不平或关节间隙稍有增宽，均可发生创伤性关节炎。只有精确复位，才能得到良好的治疗效果。无论哪种类型的骨折治疗，均要求胫骨下端凹形关节与距骨体的鞍状关节面吻合一致；而且要求内、外踝恢复其正常生理斜度，以适应距骨后上窄、前下宽的形态。即使简单的单踝骨折，只要移位，距骨必然发生脱位，踝穴正常的解剖关系也必然遭受破坏。治疗时对这些问题均应给予足够的重视。何氏骨科依据创伤机制予以整复和固定，步骤清晰，有的放矢，针对性强，临床疗效显著。

（整理：满天明）

七、腰椎压缩性骨折

（一）理论认识

腰椎压缩性骨折，根据骨折发生机制分为屈曲型骨折、伸直型骨折；根据有无脊髓损伤分为脊髓损伤型和无脊髓损伤型。临床一般以屈曲型和无脊髓损伤型多见。屈曲型指前屈外力造成脊柱前柱压缩，脊柱后部椎弓正常。脊柱椎体一般呈楔形改变，是脊柱骨折中最常见的损伤类型。

何氏骨科尤擅长治疗屈曲型、无脊髓损伤的胸腰椎骨折。临床上结合受伤体位、畸形、X线片情况，可明确诊断。患者有明显的受伤史，伤后感腰背部疼痛，逐渐加重，不能坐或站立、翻身困难，脊柱功能明显受限。骨折部位肿胀，有的可出现后突畸形，肌肉痛挛，局部有明显的压痛和叩击痛。若为横突骨折，则在棘突旁有压痛。若为椎弓峡部骨折，则腰部前凸增加，可触到同前滑脱椎骨的棘突凹陷，以第5腰椎多见。由于损伤后腹膜后血肿刺激交感神经，致使肠蠕动减慢，患者可有腹胀、腹痛、便秘等症状。伴有脊髓损伤出现的部位以胸12和腰1或腰1.2多见。损伤平面以下出现不同程度的神经症状，及时诊断，对指导临床治疗很重要。目前主要的治疗方法中，手术治疗并不具备普遍适用性，尤其是老年患者对手术耐受性差，术后并发症多，而一般保守治疗直接叫病人自行卧床躺着，内服、外贴膏药即可。患者病程长，愈后差，椎体压缩后椎体高度难以恢复。何天佐治疗腰椎压缩性骨折强调手法复位，尽可能恢复椎体高度，药物内服、外敷，尽早功能锻炼，以减轻患者痛苦、缩短治疗时间。

（二）临床医案

案例1：黄某某，女，50岁，2012年07月20日。

主诉：腰部伤痛伴活动受限8小时。

刻诊：8小时前走路不慎滑倒，臀部着地，即感腰部剧痛，活动困难。

查体：急性痛苦面容，生命体征正常，腰部肌张力高，后突畸形。局部压痛，叩击痛，下肢感觉、肌张力正常。腰椎DR片示（图13）：腰1椎压缩性骨折，椎体压缩1/2，椎体后突畸形。急诊入院。

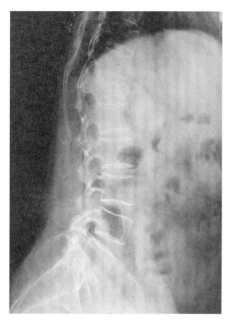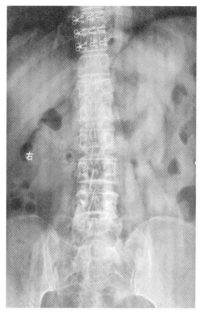

图 13

诊断：腰 1 椎压缩性骨折。

辨证：血瘀气滞证。

治法：手法整复、绷带压垫固定，活血化瘀、行气止痛。

手法：患者俯卧位，术者站于一侧，用一手食、中指（一、二指关节）屈曲 90°，用其中节背侧分别夹住脊柱棘突的两侧，根据患者疼痛部位，沿脊柱白上而下夹脊轻抖，既可梳理脊筋，又可审视痛点，确定病位，找准痛点后医者用两手拇指交叉置于定位椎体的棘突两旁，用力夹挤按压，使后突畸形平复即可，使其复位。复位后患者立即感到腰痛减轻，然后用脊柱夹板固定或卧硬板床。在复位过程中，要仔细观察患者的情况，避免虚脱或因复位不当而造成脊髓损伤，如有意外发生，应立即停止操作。局部外敷中药后绷带包扎，用一宽 10 cm、长约 15 cm 压垫内衬药棉（厚度依据后突畸形程度而定），置于腰椎后突部位，胶布、绷带包扎固定，患者仰卧，疼痛缓解后可在骨折部位再放置一软垫。

外用：骨折部位外敷续断接骨散促进骨痂生长，周围外敷消肿止痛散活血化瘀止痛。

内服药物：内服肿痛宁胶囊，每天3次，每次4粒，理气活血止痛。

医嘱：

1. 卧硬板床休息，腰部绷带、压垫固定，加强陪护，防止褥疮形成。

2. 加强二便管理，尤其是大便情况，若大便不畅，必要时辨证内服中药汤剂予以通便治疗。

3. 密切观察腰部疼痛、双下肢肿胀、血循、活动度及皮肤感觉等情况。

二诊 2012年8月1日查房，患者腰部疼痛明显减轻，活动受限。自诉大便难解。查体：腰部肌张力正常，后突畸形不明显。局部压痛，叩击痛明显减轻，双下肢感觉、肌张力正常。继续卧硬板床休息，腰部绷带、压垫固定，加强陪护，防止褥疮形成。外敷、内服药物同前；患者大便不畅，予以内服中药汤剂大成汤加减通便治疗。指导患者行五点支撑法锻炼，增加腰背肌肌力。

三诊：2012年8月15日查房，患者腰部疼痛继续缓解，活动受限。大便已畅。查体：腰部肌张力正常，后突畸形不明显。局部压痛，叩击痛继续减轻，下肢感觉、肌张力正常。继续卧硬板床休息，腰部绷带、压垫固定，加强陪护，防止褥疮形成。今日停用大成汤内服，其余外敷、内服药物同前；坚持行五点支撑法锻炼，增加腰背肌力。

四诊：2012年8月25日查房，患者腰部疼痛较轻，活动较前方便。查体：腰部肌张力正常，后突畸形不明显。局部压痛不明显，叩击痛进一步减轻，双下肢感觉、肌张力正常，已经能完成3点支撑拱桥锻炼，继续卧硬板床休息，腰部绷带、压垫固定。骨折部位续断接骨散促进骨痂生长，周围外敷止痛壮骨散活血化瘀，温经通络，内服接骨续筋胶囊，每天3次，每次4粒，促进骨痂生长。继续行拱桥锻炼，增加腰背肌力。

经治60天患者胸腰段脊柱无压痛、无扣击痛，步行正常，弯腰有轻微痛感。2012年9月21日复查DR片提示（图14）："腰1椎压缩性骨折，愈合成型期骨质修复明显，椎体高度基本恢复。"临床治愈出院。

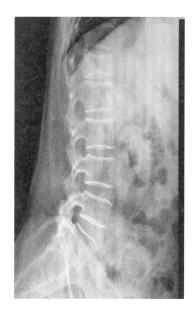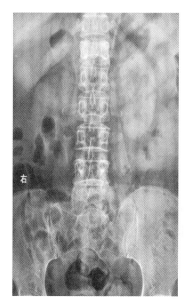

图 14

按语:

胸腰椎压缩性骨折是临床上较为常见的骨折类型,尤以不合并脊髓神经损伤的患者为多,该创伤症若未能得到及时有效的治疗可能会导致患者出现运动功能障碍或留下长期慢性腰痛等后遗症,不仅对患者的身体健康造成伤害,而且也给患者家庭和社会带来负担。临床治疗多以非手术治疗为主,如卧床休息、药物外敷、内服及对症理疗等。

何天佐治疗腰椎压缩性骨折,首先予以手法复位、整复后立即局部垫枕,腰部垫枕有助于将患椎胸腰段处于拱形的最高点,从而提高屈曲度以及该部位所受到的牵引力,从而促进压缩椎体的复位,确保椎体复位可保持稳定状态。配合外敷、内服药物治疗,疼痛缓解后尽早进行飞燕式和拱桥等腰背功能锻炼等促进压缩椎体膨胀复位,矫正正骨折部的后凸畸形。

何天佐强调复位后的早期功能锻炼,如五点支撑法、三点支撑法、弓桥支撑法以及飞燕点水等,功能锻炼应做到循序渐进,通过功能锻炼可增加腰背肌肌力,既可保持脊柱的稳定,达到治疗目的,又不因卧床时间太久产生骨质疏松现象,亦可避免或减少后遗慢性腰痛,有利于患者早日康复。

(整理:张华勇)

八、髌骨骨折

（一）理论认识

髌骨，古书称为"连骸骨"，《素问·空骨论》有记载："侠膝之骨为连骸"，参与膝关节的构成，具有保护和稳定膝关节，提高股四头肌肌力的作用。髌骨骨折的病因病理可分为直接暴力、间接暴力及混合暴力。其主要临床表现有外伤史后出现的膝关节疼痛，肿胀明显，伸膝困难，不能站立等。查体时可发现髌骨上下骨折端，移位明显时可扪及凹形骨折线，有时可触及明显的骨擦感。怀疑髌骨骨折时，常用的检查方法多选择X线摄片，由于正位摄片所示髌骨多与股骨髁重叠，不能显示骨折，故常规拍摄侧位及轴位。由于髌骨在膝关节伸屈与稳定中具有重要作用，所以治疗上强调最大限度地恢复髌骨的功能，防止髌骨骨折引起的膝关节粘连、僵硬及创伤性关节炎的发生。

髌骨骨折最常见的是上下分离移位，其中远折端因有较短的髌韧带附着，伸展性不大；而近折端因有股四头肌附着，伸展性较大，故移位多较明显，而且髌骨骨折复位后的固定也比较困难。何天佐治疗髌骨骨折，重视整复固定、手法、药物，将理法方药融为一体，以外治法为主，内治法为辅，髌骨骨折的固定是何氏骨科的重要特色之一，何氏骨科按君、臣、佐、使，采用月牙垫、粘膏、绷带、托板，固定髌骨骨折，疗效显著，是何氏骨科"联合夹缚外固定术"在临床的具体运用，具有简便、稳定的优点，有别于其他千篇一律的治疗方法。

（二）临床病案

张某，男，44岁，1989年11月17日就诊。

主诉：摔伤至左膝部疼痛伴活动不利1天。

刻诊：患者于1989年11月16日晚下台阶滑倒致伤左膝部，当即感剧痛，左膝部不能活动。查体：左膝关节皮肤无破损，皮肤颜色青紫，膝关节肿胀，皮温高，压痛明显，可触及骨擦感。舌红，苔薄白，脉弦紧。摄X线片提示（图15）：左髌骨粉碎性骨折，折块分离约1 cm，远折端下移位。

诊断：左髌骨骨折。

辨证：气滞血瘀，骨断筋伤。

治法：行气活血，续筋接骨。

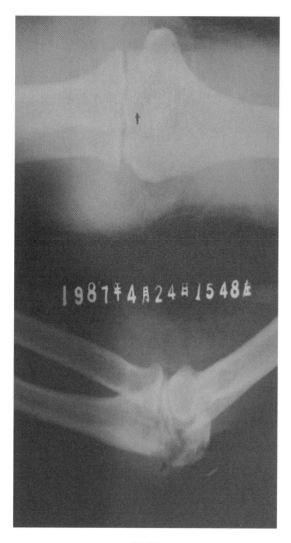

图 15

手法：患者取仰卧，患膝关节取微屈曲。术者立于患侧，采用聚合扣挤法整复骨折，即术者双手中指、无名指、小指扣住骨折远端向上挤靠，双手拇指则扣住骨折近端向下推挤，食指置于髌骨前面调节断面平整，双手合力使断端聚合，从而达到使髌骨骨折复位的目的。

固定：采用半月板弧形压垫固定，将硬纸壳剪成两个半月形的弧形压垫，内衬棉垫，分别置于髌骨上下框住髌骨，准备两条粘膏，将粘膏的中部粘贴住两压垫，上半月形压垫上粘膏的两头斜向下，经股内外髁粘贴固定上侧压垫，下侧粘膏交叉粘贴固定下侧压垫。将外敷散剂留于左膝关节骨折面，用绷带将骨折处交叉包扎，着力点于压垫，最后选择用一 5 cm×55 cm 钢丝托板自大腿中段至小腿中下段以绷带包扎，使患肢保持中立，膝关节伸直位固定 3 周左右。

外用药物：左膝外敷消肿止痛散，隔日一换。

内服药物：目前患者为新伤骨折，予以中药汤剂桃红四物汤加减行气活血，消肿止痛，具体方药如下：

青皮 12 g、陈皮 15 g、当归 20 g、赤芍 12 g、红花 8 g、桃仁 6 g、川芎 12 g

水煎服，每日 3 次，每次 100 mL，口服。

嘱患者适当活动左足足趾、足踝及左下肢，预防下肢静脉血栓形成，防止长期不活动所致的关节僵硬，促进静脉回流，利于消肿。

二诊：1 周后复诊，患者疼痛缓解，左膝钢丝托板固定于功能位。查体：左膝关节肿胀消退，皮温正常，压痛减轻，可扪及足背动脉搏动。嘱患者继续钢丝托板固定于功能位，隔日敷药，调整中药汤剂为：

续断 12 g、碎蛇 10 g、骨碎补 15 g、当归 20 g、杜仲 10 g、潞党参 15 g、土鳖 6 g、血竭 10 g

水煎服，每日 3 次，每次 100 mL，口服。

嘱患者可开始在 15° 范围内轻微被动活动膝关节。

三诊：治疗 18 天后患者已无明显痛感，复查 X 线片提示（图 16）：左髌骨粉碎性骨折，原移位基本纠正，可见少量骨痂生长。查体：左膝关节肿胀消失，皮温正常，无压痛，屈伸活动可。去除钢丝托板，嘱患者于我院门诊定期敷药，隔日 1 次，调整外敷药物为骨折部续断接骨散促进骨痂生长，周围外敷止痛壮骨散活血化瘀，温通经络，换药时辅助患者在无痛范围内轻度屈伸患膝，帮助恢复膝关节的功能。

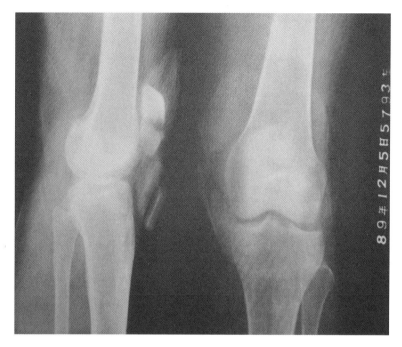

图 16

嘱患者门诊定期复查，共治疗 65 天后痊愈停诊。

按语：

何天佐指出，因为髌骨骨折常见的移位是上下分离移位，远折端有髌韧带附着，伸展性不大，近折端为股四头肌附着，伸展性较大，所以在手法复位过程中，应尽力将近折端向下推挤，使之与远折端对合。用食指触摸髌骨表面平整，若有残余的前后移位，则以食指将突出的一端向后挤按，使之对齐，充分将骨折远近断端扣紧。切忌盲目用力推挤骨片或反复整复使折端相互摩擦，致骨折断端磨平，而对位不稳，影响固定和愈合。

手法整复后妥善固定尤为重要，何天佐采用"联合夹缚固定术"固定，用纸壳剪成两块半月形的弧形压垫，内衬棉垫为君，置于髌骨上下框住髌骨，并用粘膏两条为臣，以粘膏的中部先粘贴住两压垫，上半月形压垫上粘膏的两头斜向下，经股内外髁粘贴固定上侧压垫，下侧粘膏交叉粘贴固定下侧压垫，胶布既固定了上下半月形的弧形压垫，又给了上侧压垫一个向下的牵引力，给下侧压垫一个向上的牵引力，有利于折骨的固定和折面嵌紧。然后外敷中药，以绷带为佐交叉包扎，着力点于压垫，再用一钢丝托板为佐，绷带包扎保持患肢中立、膝关节近伸直位。该固定方式不仅可以稳定断端，还可以纠正部分残余移位，使断面接触紧密，有利于骨折愈合。

（整理：郭一贤）

九、尺骨鹰嘴骨折

（一）理论认识

尺骨近端后方位于皮下的突起称鹰嘴，与前方的尺骨冠状突构成半月切迹，此切迹恰与肱骨滑车构成肱尺关节，肱尺关节只能进行屈伸活动。尺骨鹰嘴骨折，又称鹅鼻骨骨折，是肘部常见损伤之一，尺骨鹰嘴骨折发病率占全身骨折的1.17%，多见于成年人和老年人。尺骨鹰嘴骨折是波及半月切迹的关节内骨折，因此解剖复位是防止关节不稳、预防骨性关节炎及其他并发症发生的有效措施。

本病主要是由于外力作用造成，根据作用力的不同，所造成的损害也有所不同：（1）间接外力：摔倒时肘关节处于伸直位，外力传达至肘，肱三头肌牵拉而造成撕脱骨折。骨折线可能为横断或斜行。两骨折端有分离。（2）直接外力：摔倒时肘关节伸直肘部着地，或直接打击到肘后，造成粉碎骨折，骨折端多无分离。临床表现方面，无移位骨折后肿胀、压痛明显，骨折处可伴有皮肤瘀斑；有移位的骨折及合并脱位的骨折，肿胀范围较前者广泛，肘后方可触到凹陷部、骨折块及骨擦音，肘关节功能丧失。

本病的治疗要点主要以强调解剖对位为主，以恢复关节面的平整、光滑，避免创伤性关节炎的发生为目的。何天佐治疗尺骨鹰嘴骨折采用的是U形压垫，用硬纸壳剪成细条或用金属丝以药棉搓裹成圆柱形并折弯成U形即可。U形压垫的中部较两端略粗，大小以刚好卡住鹰嘴为准。U形压垫还具有纠正骨折残余移位的作用，可逐步使骨折端的裂隙变小，有利骨折愈合。另外，关节部位骨折，不宜固定过久，2～3周后逐渐将屈肘范围加大，直至90°位固定，以免固定过久关节粘连严重，影响关节功能恢复。

（二）临床医案

赵某，女，30 岁，1987 年 4 月 24 日就诊。

主诉：左肘伤痛 3 小时。

刻诊：3 小时前骑自行车时不慎摔倒，左肘伸直着地受伤，当即左肘部畸形剧痛遂来我院急诊。经 X 线片报告提示（图 17）：左尺骨鹰嘴骨折，断端向背侧成角移位。

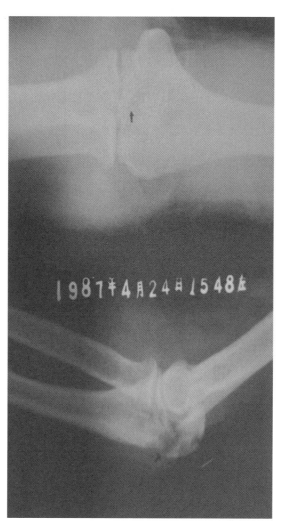

图 17

诊断：左尺骨鹰嘴骨折。

辨证：血瘀气滞。

治法：活血化瘀、行气止痛。

手法：使用何氏骨科瞬间复位法进行整复。患者坐位，助手站于患侧，面对术者，双手握住其上臂，术者面对患者，一手握住患者腕部并使前臂旋后，肘关节处于伸直位，另一手拇、食、中三指分别扣住上移折块的内、外及后上方用力向远端推挤，使两折端对合，直至两折端紧密吻合，无骨擦音为止。然后在维持骨位下固定。

外用：左肘外敷消肿止痛散行气活血，隔日一次，用一块U形压垫及钢丝托板130°位固定、扎带、绷带包扎，三角巾悬吊。

内服药物：何氏肿痛宁胶囊，每天3次，每次4粒。

医嘱：

1. 复查X线片报告提示：左尺骨鹰嘴骨折，经矫正后，现已对位、对线良好。

2. 加强患肢耸肩、握拳伸指锻炼，左前臂禁止旋转运动。

3. 注意观察左肘肿胀、疼痛和左上肢肢端感觉、血循、活动情况。

4. 两日后复诊。

二诊：1987年4月26日复诊，观左肘关节肿胀，局部疼痛较前减轻，压垫及钢丝托板位置适宜，松紧适应。继续左肘外敷消肿止痛散行气活血，隔日一次，压垫、钢丝托板固定，调整松紧度，观察有无压疮，指导患者加强耸肩及握拳伸指锻炼。

三诊：1987年5月7日复诊，观患者左肘关节肿胀已基本消退，局部疼痛明显减轻。左肘外敷药物调整为骨折处外敷续断接骨散接骨续筋，周围外敷消肿止痛散行气活血，隔日一次。口服药物调整为接骨续筋胶囊，每天3次，每次4粒。

连续治疗1月，1987年5月25日摄片（图18）骨折对位对线好，骨痂生长良好。予以拆除钢丝托板、压垫，指导左肘关节功能屈伸、旋转功能锻炼，再4周后左肘活动均正常，日常生活基本不影响。

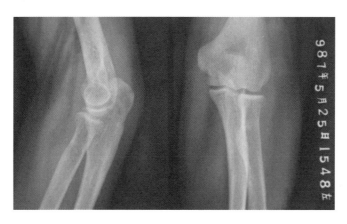

图 18

按语:

尺骨鹰嘴骨折是临床上常见骨折,为关节内骨折,治疗方法较多。治疗的最终目标是恢复骨折的稳定性,保持关节的活动度,避免并发症。该骨折主要症状有手肘部肿胀疼痛、活动受限、关节畸形等,影响患者正常生活,给患者带来了巨大的痛苦。

治疗尺骨鹰嘴骨折,将移位的折片推回去后如何保持不再移位是关键点,因此小压垫在这里起了十分重要的作用。何天佐采用的U形压垫是用硬纸壳剪成细条或用金属丝以药棉搓裹成圆柱形并折弯成U形,U形压垫的中部较两端略粗,大小以刚好卡住鹰嘴为准。

运用何氏骨科联合夹缚外固定术。压垫为君,托板为臣,扎带、绷带为佐使。根据患者患肢体形,用硬纸壳剪成细条或金属丝以药棉搓裹成圆柱形并折弯成U形即可。U形压垫的中部较两端略粗,大小以刚好卡住鹰嘴为准。将U形压垫开口朝向骨折远端置于鹰嘴与肱骨内外髁间隙,先用一条胶布其中点在U形压垫的中央,两头分别通过压垫两侧斜向下经过桡骨头、肱骨内髁下交叉于肘窝下粘贴,再用另一条胶布平行经过U形压垫底部粘贴于肘关节上部。这样,胶布既固定了U形压垫,又给了U形压垫一个向斜下方的牵引力,有利于骨折的固定和折面嵌紧。然后外敷中药,用绷带包扎,由内向外,从上到下,最后用一钢丝托板屈肘5°～10°包扎固定。

（整理：周家骏）

十、尺桡骨干双骨折合并下尺桡关节脱位

（一）理论认识

尺桡骨干双骨折合并下尺桡关节脱位是常见的前臂骨折，多发于青壮年。由于解剖功能的复杂关系，两骨干完全骨折后，骨折端可发生重叠、成角、旋转及侧方移位四种畸形。桡骨干单骨折较少见，因有尺骨支持，骨折端重叠，移位较少，主要发生旋转移位。临床表现为局部肿胀、畸形及压痛，可有骨擦音及异常活动，前臂活动受限，有时合并正中神经或尺神经、桡神经损伤，要注意检查。X线片可明确骨折类型及移位情况，摄片应包括肘、腕关节，以了解有无旋转移位及上、下尺桡关节脱位。通过临床观察，何天佐总结该类骨折的原因及特点如下：

1. 直接暴力。多见打击或机器伤。骨折为横型或粉碎型，骨折线在同一平面。

2. 间接暴力。跌倒手掌触地，暴力向上传达桡骨中或上1/3骨折，残余暴力通过骨间膜转移到尺骨，造成尺骨骨折，所以骨折线位置低。桡骨为横型或锯齿状，尺骨为短斜型，骨折移位。

3. 扭转暴力。受外力同时，前臂又受扭转外力造成骨折。跌倒时身体向一侧倾斜，前臂过度旋前或旋后，发生双骨螺旋性骨折。多数由尺骨内上斜向桡骨外下，骨折线方向一致，尺骨干骨折线在上，桡骨骨折线在下。

（二）临床医案

钱某，男，37 岁，1993 年 7 月 20 日就诊。

主诉：右前臂及腕部伤痛 2 小时。

刻诊：2 小时前走路不慎滑倒，右手撑地后扭转受伤，当即右前臂及腕部畸形剧痛遂来我院急诊。经 X 线片报告提示（图 19）：右尺桡骨干双骨折合并下尺桡关节脱位。

诊断：右尺桡骨干双骨折合并下尺桡关节脱位。

辨证：血瘀气滞、骨断筋伤。

治法：活血化瘀、行气止痛、续筋接骨。

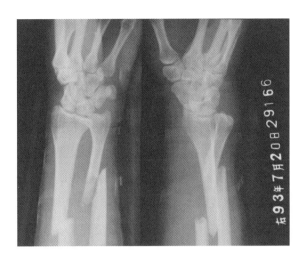

图 19

手法：患者坐位，患肢外展，肘屈 90°使肱二头肌和旋前圆肌放松，有利于骨折整复，前臂置于中立位，助手甲握上臂下段，助手乙握患肢手部，二者拔伸牵引纠正重叠及成角移位，术者按压合扣下尺桡关节纠正脱位，下尺桡关节脱位纠正后，沿前臂纵轴方向行夹挤分骨恢复尺桡两骨间隙宽度，该患者桡骨骨折重叠较重，予以折顶手法纠正桡骨骨折移位，术者施行手法时助手乙密切配合，将远折端或旋转、或屈伸、或内收、或外展。整复结束。复位后复查 DR（图20）：右尺桡骨干双骨折合并下尺桡关节脱位，经手法整复后，下桡尺关节脱位已纠正，骨断端对位对线良好。

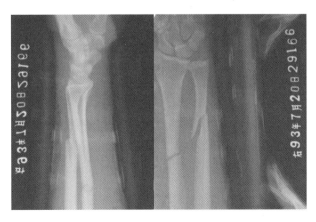

图 20

固定：在助手维持牵引下，用两条分骨垫置于尺桡骨之间，下尺桡关节合骨垫固定，再用四块夹板，背、尺侧夹板超关节，掌、桡侧夹板平腕关节以扎带固定，绷带包扎，最后使用防旋中立位托板固定前臂。患肢悬吊于屈肘功能位。

外用药物：右前臂及腕部外敷外敷消肿止痛散行气活血，隔日一次。

内服药物：何氏肿痛宁胶囊，每天 3 次，每次 4 粒。

医嘱：

1. 手法整复后右前臂禁止旋转运动，防止再移位。

2. 加强患肢握拳伸指锻炼，并逐渐增加运动幅度及用力程度。

3. 注意观察右前臂及腕部肿胀、疼痛和右上肢肢端感觉、血循、活动情况。

4. 两日后复诊。

二诊：1993 年 7 月 22 日复诊。观右前臂及右腕关节肿胀，局部疼痛较前减轻，夹板松紧适应。继续右腕外敷消肿止痛散行气活血，隔日一次，压垫、夹板固定，调整松紧度，观察有无压疮，指导患者加强握拳伸指锻炼。

三诊：1993 年 7 月 24 日复诊。观患者右前臂及腕关节肿胀已基本消退，局部疼痛明显减轻。右前臂及右腕外敷药物调整为骨折处及脱位处外敷续断接骨散接骨续筋，周围外敷消肿止痛散行气活血，隔日一次。口服药物调整为接骨续筋胶囊，每天 3 次，每次 4 粒。

连续治疗 4 周，拆除夹板、压垫，指导右腕关节功能屈伸、旋转功能锻炼，再 2 周后右腕活动均正常，日常生活基本不影响。

按语：

尺、桡骨干双骨折因外力影响，前臂纵向肌肉的牵拉以及旋前、旋后肌的不同作用，而多有重叠、旋转、成角及向骨间膜移位畸形。如尺桡骨干双骨折，有重叠移位，两骨干向同一侧移位或成角，或均向骨间膜移位；或一骨重叠移位，另一骨则向轴心靠拢并成角移位；或粉碎性骨折，有碎片横架于两骨之间等。这种畸形的复杂性给手法治疗带来了一定的困难，故应根据受伤机制，结合 X 线片，制定出较为完善的治疗方案及措施，以达到恢复前臂旋转生理功能的目的。

何天佐特别强调对尺、桡骨骨折手法整复的先后，先后选择的不同会直接影响整复的成败，对中 1/3 骨折，则根据尺、桡骨骨折的相对稳定性来决定整复先后。

一般应先整复稳定性（横断、锯齿形）骨折，以此作支架，再整复另一骨干的不稳定性骨折。若类型相同，则上 1/3 骨折先整复尺骨，下 1/3 骨折先整复桡骨。该患者同时有下尺桡关节脱位，应先整复脱位再整复骨折。

（整理：周家骏）

十一、儿童尺桡骨远端骨折

（一）理论认识

尺桡骨远端为骨密与骨松质交界处，大量的骨小梁相互连接形成网架结构，骨皮质变薄，缺乏排列致密、规律的骨板及骨单位。儿童尺桡骨远端有骨骺，此处骨的生长速度超过骨的钙化，导致此处骨密度相对较低。故尺桡骨远端为解剖薄弱区，易发生骨折。儿童尺桡骨远端骨折多因间接暴力引起，也可因直接暴力作用于前臂远端引起。当暴力作用于手掌时，腕关节背伸，力量通过手掌向上传导到尺桡骨下端发生伸直型骨折，骨折端常向背侧移位。暴力作用于手背、腕关节屈曲或背侧受到暴力直接击打时发生屈曲型骨折，骨折远端向掌侧移位。横向、旋转应力及尺桡骨间骨筋膜、肌肉牵拉使骨折端发生旋转、尺侧或桡侧移位。

儿童尺桡骨远端骨折受伤方式多为同一平面的跌倒或滑倒，最突出的临床表现为局部肿痛及活动受限，伴或不伴局部畸形改变。X 线是儿童尺桡骨远端骨折的首选检查，它能清晰显示骨折位置、移位及成角，亦可对儿童骨骺损伤类型进行判断。儿童尺桡骨远端双骨折首选治疗方式采用非手术治疗，单纯外固定或闭合复位加外固定就可达到良好的治疗效果。对于闭合复位失败的骨折、开放性骨折及合并血管神经损伤的骨折则行手术治疗。

何天佐运用何氏骨科特有的"瞬间复位法"，以瞬间复位达到准确的整复，既减少了患儿的痛苦，又有利于后期关节功能的恢复。联合何氏骨科的联合夹缚固定术，有利于患儿骨位稳定，患肢早期消肿，加之儿童的骨头再生能力强，更能加快骨折的愈合速度。

（二）案例分析

廖某，男，14 岁，学生，1993 年 6 月 1 日就诊。

主诉：右前臂伤痛伴活动困难 2 小时。

刻诊：患儿下午在学校跑步时不慎摔倒，右手撑地，即感右前臂肿痛，活动困难，立即于我院门诊就诊。查体：右前臂外观呈餐叉样畸形，肿胀明显，皮肤张力较高，右前臂远端压痛（++），叩击痛（++），有明显骨擦音及骨擦感，右桡动脉动脉搏动正常，各指肢端血循及感觉正常。患儿舌红，舌底脉络青紫瘀斑，脉弦紧。门诊摄片提示（图 21）：右尺桡骨远端骨折，远折端向桡背侧移位。

诊断：右尺桡骨远端骨折。

辨证：气滞血瘀，骨断筋伤。

治法：续筋接骨，行气活血。

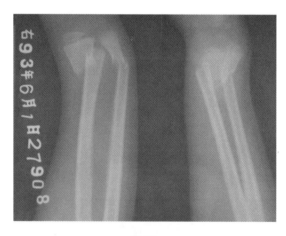

图 21

手法：患者坐位，患肢置于旋前位，助手握持患肢肘部，术者双手握住患肢骨折远端对向牵引，同时两手拇指对骨折部血肿进行捋散，待患者外观畸形消失，肿胀明显减轻后，持续牵引下加大患肢成角，两手拇指置于两骨折远端背侧，两手食指置于骨折近端掌侧，加大成角的同时，两手拇指和食指对向用力，待感觉骨折远端向掌侧滑动时立即反折，反折同时双手拇指下压，两手食指向上提托骨折近端，并以两手掌跟部对向夹紧患肢下尺桡关节予以远端轴向牵引力，整复完毕触摸断端台阶感消失,中立位逐渐放松远端牵引力度后断端无畸形,则复位成功。

外用:右前臂外敷消肿止痛散,隔日一换。骨折远端桡背侧放置平垫,压垫为君,四块前臂夹板固定,最后使用防旋中立位握板固定前臂,患肢三角巾悬吊于屈曲功能位。

内服药物:何氏肿痛宁胶囊,每天3次,每次2粒。

医嘱:

1. 手法整复后前臂禁止旋转运动,防止再移位。

2. 做手部关节主动运动,手指屈伸,并逐渐增加运动幅度及用力程度。2～3天后做肘关节屈伸活动,角度由小到大,逐步加大活动范围。

3. 观察患肢肿胀、血循、皮肤感觉及各指活动度,避免固定过紧及过松。

4. 一周后复诊。

二诊:1993年6月8日复诊,患者前臂疼痛明显减轻,肿胀基本消退。右前臂外敷药物调整为续断接骨散,隔日一换;口服药物调整为接骨续筋胶囊,每天3次,每次2粒。

三诊:1993年7月24日复诊,门诊摄片(图22)提示患者骨痂生长,骨折愈合良好。拆除夹板,指导患者做前臂旋转、屈伸动作,患者功能恢复良好。

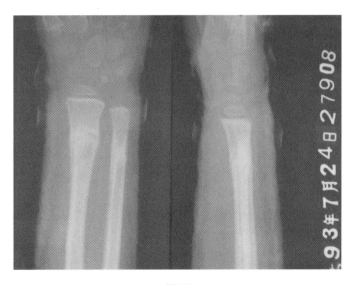

图 22

按语:

尺桡骨远端双骨折是儿童的常见骨折,尤其是近年来滑板运动越来越热门,儿童发生跌倒后因传导暴力而致的前臂远端双骨折的病例暴发性增多,该类创伤因速度快,离地高,反应时间短,为高能量创伤,骨折移位及肿胀均较严重,通过临床观察,何天佐总结高能量儿童尺桡骨远端骨折的特点如下:

1. 均为尺桡骨下端骨折,桡骨远端移位更为严重。

2. 骨折移位均为背侧移位,合并不同程度桡偏移位。

3. 重叠移位较普通,前臂双骨折严重,骨折端均为横断骨折或短斜型骨折,严重病例可有尺侧由内向外开发性裂口,部分病例可出现同侧肢体的髁上骨折。何氏骨科在整复该类骨折中过程中强调:其一,"整复体位"。选择前臂旋前位,通过解剖我们知道在旋前位时,骨间膜和旋前方肌得到松弛,有利于减少整复不必要的阻力,同时前臂滑板骨折因为暴力较大,肿胀往往较重,局部血肿的张力效应和暴力本身均导致骨折端重叠较重,前臂旋前体位也更有利于术者进行更好和稳定的折顶,使成功的概率加大。其二,强调过程中的持续牵引。以往的文献记载对成角折顶法整复重视折顶,往往忽略了牵引的重要性或记述不详,何氏骨科整复此类骨折将骨折远端的牵引力贯穿整个整复过程,牵引力量据整复过程变化,折顶前的牵引力量稍大,折顶时牵引力量稍减小,待术者手下感知骨折远近折端向接触后进行反折的同时加大远端的牵引力,整复过程一气呵成。复位成功可能性明显提高。其三,整复过程注意避免再损伤。整复过程切忌暴力和突然用力,术者和助手术前应仔细阅片,充分评估患者耐受力及肢体损伤、肿胀情况,从而制定整复时机和力度,力求整复过程平稳柔和,避免医源性损伤的发生。

(整理:帅柔纤)

十二、股骨粗隆间骨折

(一) 理论认识

股骨粗隆间骨折的临床表现与股骨颈骨折大致相同,特别是和股骨颈基底部骨折相似。老年患者居多。老年人骨质疏松，肢体不灵活，对外界适应能力差，较轻的外伤暴力，身体一时失去平衡，患肢因过度外旋、内旋或内翻的传导暴力以及跌倒时大粗隆部直接触地而致骨折。因股骨粗隆部血运丰富，肿胀明显，瘀瘢广泛，且压痛多在大粗隆处，而股骨颈骨折肿胀较轻，无瘀斑、或少量瘀斑，压痛多在腹股沟中点，必要时可借助 X 线片确定，由于粗隆部血运丰富，骨折后极少不愈合，但甚易发生髋内翻。按照损伤机制，一般可分为三种类型：外旋型、内翻型、内旋型。

本病的发生多为间接外力引起。下肢突然扭转、跌倒时强力内收或外展，或受直接外力撞击均可发生，骨折多为粉碎性。老年人骨质疏松，当下肢突然扭转、跌倒造成骨折。

临床上粗隆间骨折与股骨颈骨折临床表现相似伤后局部肿胀、疼痛、患肢功能受限。但可有两点不同：其一，因是关节囊外骨折，没有关节囊的制约，出现的外旋、短缩畸形比股骨颈骨折更为明显，典型的外旋畸形可达 90°；其二，局部血肿相对严重，可有较广泛的皮下瘀血。

对股骨粗隆间骨折的治疗，何天佐主张以保守治疗为主，有移位的首先采用手法复位，复位后可采用小夹板固定，或者采取牵引手法，骨牵引 6 周，再改用皮肤牵引，保持下肢于中立位，2～3 个月骨折初步愈合后，扶拐部分负重。患者牵引期间可外敷中药、合理固定、功能锻炼并辅以中药内服。

（二）临床医案

刘某，男，70 岁，1995 年 12 月 15 日就诊，入院治疗。

主诉：右髋伤痛 1 小时。

刻诊：1 小时前于家中洗澡时不慎摔倒，右下肢旋转着地受伤，当即右下肢畸形剧痛遂来我院急诊。经 x 线片报告提示（图 23）：股骨粗隆间骨折。

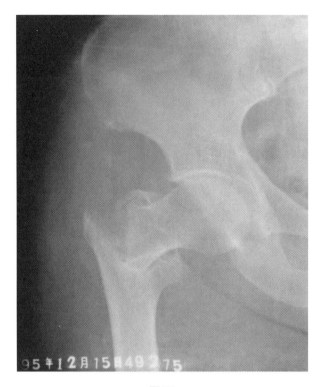

图 23

诊断：右股骨粗隆间骨折。

辨证：血瘀气滞证。

治法：活血化瘀、行气止痛。

手法：使用何氏骨科瞬间复位法进行整复：患者仰卧，近端助手双手按住患者骨盆两侧髂嵴固定，远端助手的右手扶住患者右侧腘窝及膝外侧，左手握住右内踝及后踝。术者立于患者右侧，左手由内侧握住骨折远端小粗隆部，右手由外侧扶住骨折近端大粗隆部。远端助手使患者右下肢屈髋屈膝并外展外旋，然后内收内旋顺势牵引右下肢向下，与此同时，术者左手卡靠小粗隆，右手向下推挤大粗隆并内旋患肢，远端助手将患肢拉直放平，右下肢置于外展中立位，测量双侧髂前上棘至内踝尖等长，右下肢不外旋，则复位成功。复查 X 线片报告提示（图 24）：右股骨粗隆间骨折，经矫正后，现已对位、对线良好。

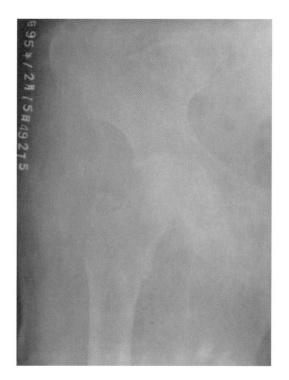

图 24

固定：经手法整复、局部外敷中药后，用绷带由外向内缠绕，经胯部到腰部作单髋人字包扎几圈，用一弧形压垫，上方剪成弯月形，内村棉垫抵住小粗隆部，再用一椭圆形弧形压垫放置于股骨大粗隆外侧或外下侧，用粘膏粘贴，后用四块夹板（外侧板上至髂嵴下，下至股骨外上髁上 3 cm；内侧板上至耻骨支，下至股骨内踝上 3 cm；前侧板上至腹股沟，下至髌骨上 3 cm；后侧板上至臀横纹，下至腘窝上 3 cm）以扎带、绷带包扎固定。在压垫夹板固定后辅以皮牵引或牵引套牵引防止移位，重量 2 kg。

外用药物：右髋外敷消肿止痛散行气活血，隔日一次。

内服药物：何氏肿痛宁胶囊，每天 3 次，每次 3 粒。

医嘱：

1. 加强患肢膝关节，踝关节屈伸功能锻炼，做足部背伸、跖屈及股四头肌收缩活动，下肢固定于外展 30°～40°中立位，禁止旋转。4～6 周后可扶双拐下地不负重行走。

2. 注意观察右下肢肿胀、疼痛和肢端感觉、血循、活动情况。

二诊：1995 年 12 月 17 日查房所见，观右下肢肿胀，局部疼痛较前减轻，压垫及夹板位置适宜，松紧适应。继续右下肢外敷消肿止痛散行气活血，隔日一次，压垫、夹板固定，调整松紧度，观察有无压疮，指导患肢膝关节，踝关节屈伸功能锻炼。

三诊：1996 年 1 月 11 日查房，观患者右下肢肿胀基本消散，局部疼痛轻微，压垫及夹板位置适宜，松紧适应。复查 X 线片报告提示：骨折愈合（图 25）。右下肢外敷药物调整为骨折处外敷续断接骨散接骨续筋，周围外敷消肿止痛散行气活血，隔日一次。口服药物调整为接骨续筋胶囊，每天 3 次，每次 3 粒。

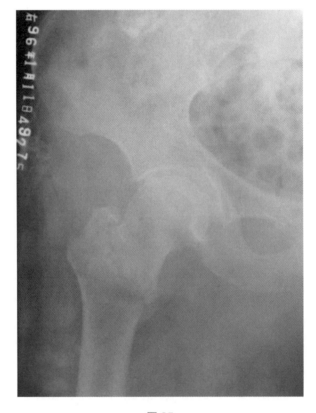

图 25

连续治疗 6 周，拆除夹板、压垫，指导膝关节，踝关节屈伸功能锻炼，再 2 周后右下肢活动均正常，日常生活基本不影响。

按语：

股骨粗隆间骨折通常分为三种类型：外旋型、内翻型、内旋型。

外旋型骨折： 自小粗隆或稍上、下部位，由内下斜形向外上与股骨干纵轴成较小的锐角。小粗隆可单独撕脱，亦可连同上下的骨皮质一起骨折。骨折远段因肌肉收缩和重力关系，可发生向上及外旋移位，但颈干角变化不大。少数病例因肢体内收发生髋内翻畸形。此类骨折多见，一般较稳定。

内翻型骨折： 骨折部位常较外旋型骨折位置高，折线走行亦由内下向外上，但与股骨干纵轴成角较大。内侧骨皮质因受内翻应力的影响，常有相互嵌插。小粗隆处可形成蝶形碎片，颈干角变小。因内侧骨皮质破坏严重，故此类骨折常遗留镜内翻畸形。

内旋型骨折： 骨折线由小粗隆端开始，由内上斜向外下，与外旋型骨折线相反，成斜线或短螺旋无骨折。近段因外展外旋肌的牵拉，形成外展外旋畸形，远段则因内收肌与腰大肌的强力牵拉，向内、向上移位，可形成髋内翻畸形，但经整复后一般较少发生髋内翻。此类骨折为不稳定性骨折。

另外，粉碎性骨折可见于上述各型，因较大暴力或骨质过于脆弱而致粉碎骨折，大小粗隆及内侧骨支柱也支离破碎，髋内翻严重，远端明显上升，患肢外旋。股骨粗隆间骨折分类的主要目的在于表示其稳定性，以往多按骨折线走行方向分类，即顺粗隆间型，又称稳定型；反粗隆间型，又称不稳定型，以及粉碎型等。但临床实践表明上述分类方法不尽合乎规律，有些顺粗隆间型可能不稳定而发生内翻，而反粗隆间型则可能是稳定的。对于骨折稳定与否，应强调骨折的原始状态，凡伤后内翻越严重者越不稳定；反之，原始内翻越轻或无内翻者越趋稳定，与骨折线走行方向无关。

何天佐认为在股骨粗隆间骨折的固定中，夹板起着主要的固定作用，故为君；两块压垫面积大，无特殊作用力方向，仅是使夹板在局部压应力增加，起辅助夹板的作用，故为臣；绷带增加夹板的环周约束力，牵引保持轴向位置相对稳定，均为佐；粘膏起次要作用为使。固定后辅助患肢皮牵引保持骨折稳定，可尽早进行功能锻炼，有利于预防并发症及髋膝关节功能的恢复。

（整理：周家骏）

十三、股骨干骨折

(一) 理论认识

股骨干骨折是指股骨干的连续性发生中断，强大的直接暴力是引起骨折的常见病因，常表现为骨折处疼痛，局部肿胀或者肢体功能受限，骨折部位畸形，出血，血压下降，面色苍白等症状。股骨是人体中最长的管状骨。股骨干包括粗隆下 2～5 cm 至股骨髁上 2～5 cm 的骨干。股骨干被三组肌肉所包围，由于大腿的肌肉发达，骨折后多有错位及重叠。骨折远端常有向内收移位的倾向，已对位的骨折，常有向外凸倾向，股骨下 1/3 骨折时，由于血管位于股骨折的后方，而且骨折远断端常向后成角，故易刺伤该处的腘动、静脉。

本病多由强大暴力造成，主要是直接暴力如汽车撞击、机器碾压、重物打击、火器性损伤等。间接暴力也可致骨折，如从高处坠下等，由于强大暴力致折，软组织损伤严重，肌群的收缩，重力牵拉，断端移位明显。股骨上 1/3 骨折，近折段受髂腰肌及臀中臀小肌和其他外旋肌群的牵拉而出现屈曲、外展、外旋移位，骨折远端则向上、向内、向后移位。股骨中 1/3 骨折，断端除有重叠外，无一定规律，常随暴力力及作用方向而变化，如两断端尚有接触而无重叠时，多向前外侧成角畸形，股骨下 1/3 骨折，远折端受腓肠肌牵拉而向后屈曲移位。

股骨骨折诊断较易，有严重的外伤史，患部疼痛剧烈，肿胀明显，压痛明显，患肢功能丧失，畸形，患肢可短缩，骨擦音及假关节活动容易觉察，行 X 线可诊断。

在治疗此病时，通常以复位、牵引及外科手术为主要治疗方式，根据不同年龄可采用垂直悬吊皮牵引、平衡持续牵引和固定持续牵引。垂直悬吊皮牵引适用于 3 岁以下的儿童股骨干骨折。这种方法简易有效，3～4 周后骨折愈合。平衡持续牵引可用皮牵引或骨牵引，以便病人的身体及各关节在床上进行功能活动。皮牵引适于 12 岁以下小儿。12 岁以上青少年和儿童则适于做骨牵引。持续 4～6 周，改用单侧髋人字石膏或局部石膏装具固定至 8～12 周，直至骨折完全愈合。固定持续牵引开始牵引时重量要大，一般为体重的 1/7～1/8，手法整复争取在 1 周内完成，随后减轻牵引重量，以维持固定。要避免过牵，以免影响骨折愈合。何氏骨科主张用巧劲。只要力用得巧，一个人就可进行任何类型股骨干骨折的整复。用巧劲并不只是为了省力，亦不只是为了减轻患者的痛苦，更重要的乃是令整复过程中的再损伤之可能性减到最小，能大大缩短愈合时间，提高愈合质量。近年来，由于内固定器械的改进、手术技术的提高以及人们对骨折治疗观念的改变，股骨干骨折现多趋于手术治疗。骨折手术治疗，除了必须从骨折的部位、类型、软组织损伤的程度，有无合并伤及病人的全身情况等因素考虑外，还需根据两个原则来选择：一是要有足够强度的内固定材料，使固定后能早期功能锻炼而不至于骨折愈合前发生内固定器材断裂及失效；二是骨折固定方法上要提倡微创，尽量减小骨折局部血运的破坏及内固定器材不应有应力集中及符合生物固定原则，以促进骨折愈合。

（二）临床医案

何某，女，65 岁，1983 年 11 月 30 日就诊。

主诉：左下肢伤痛 4 小时。

刻诊：4 小时前下楼梯不慎摔倒，左下肢伸直着地受伤，当即左下肢畸形剧痛、活动受限遂来我院急诊。经 X 线片报告提示（图 26）：左股骨干骨折。

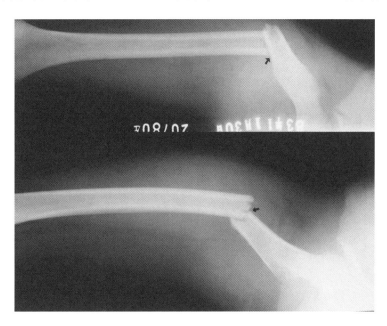

图 26

诊断：左股骨干骨折。

辨证：血瘀气滞。

治法：活血化瘀、行气止痛。

手法：患者取仰卧位，患肢髋关节屈曲 30°～60°，外展 20°～40°，屈膝 10°～30°，上中 1/3 骨折，屈髋外展角度大些，屈膝角度小些，下 1/3 骨折，屈髋外展角度小些，屈膝角度大些。A 助手固定患者左髋关节，B 助手一手握住患者膝部，另一手握住其小腿，对向持续牵拉，术者立于患者左侧，左手掌置于左大腿骨折近端外侧，右手置于远侧断端内侧，对向挤压，感觉左大腿在同一直线上时术者固定其骨折部位，B 助手可在膝部沿大腿方向逐渐用力推，无移动时维持目前位置，整复结束。复查 X 线片报告提示：左股骨干骨折，经矫正后，现已对位、对线良好。

固定：骨折复位后分别可用一块弧形压垫置于骨折部的一侧或两侧，或用两块压垫置于骨折部的两侧（一块放在骨折近段，一块放在远段），对向加压，或用三块压垫间接加压，用胶布粘贴固定，后用四块夹板，以扎带、绷带包扎固定后，用泡沫牵引套牵引或在外敷药前上胶布牵引，用以维持整复后的位置，牵引重量 2 kg。

外用药物：左下肢外敷消肿止痛散行气活血，隔日一次。

内服药物：何氏肿痛宁胶囊，每天 3 次，每次 4 粒。

医嘱：

1. 加强患肢膝关节，踝关节屈伸功能锻炼，做足部背伸、跖屈及股四头肌收缩活动，下肢固定于外展 30°～40° 中立位，禁止旋转。

2. 注意观察左下肢肿胀、疼痛和左下肢肢端感觉、血循、活动情况。

二诊：1983 年 12 月 7 日查房，左下肢肿胀，局部疼痛较前减轻，压垫及夹板位置适宜，松紧适应。继续左下肢外敷消肿止痛散行气活血，隔日一次，压垫、夹板固定，调整松紧度，观察有无压疮，指导患肢膝关节，踝关节屈伸功能锻炼。

三诊：1984 年 1 月 5 日查房，观患者左下肢肿胀基本消散，局部疼痛轻微，压垫及夹板位置适宜，松紧适应。复查 X 线片提示（图 27），骨折对位对线好，有明显骨痂生长。左下肢外敷药物调整为骨折处外敷续断接骨散接骨续筋，周围外敷消肿止痛散行气活血，隔日一次。口服药物调整为接骨续筋胶囊，每天3次，每次4粒。

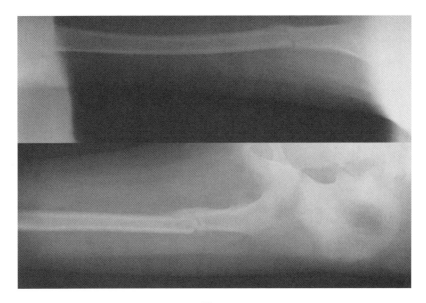

图 27

患者住院8周，患部无压痛及叩击痛，双下肢等长，无神经及血循异常，可去拐行走，临床痊愈出院。

按语：

股骨干骨折整复的第一步是拔伸牵引，因为不管哪一种类型的骨折只要在轴线方向没有远近折端的对顶，在股部强大肌群的作用下都一定会有重叠与短缩，只有牵拉大于原肢体长度才有可能进行进一步的整复。不少资料记载，如何绳捆素缚，如何与助手配合，何天佐认为这些虽有一定的效果，但在对抗强大的股四头肌和股二头肌的强力收缩时仍显得力不从心。何天佐主张用巧劲，选择合适的整复体位，充分放松拮抗肌群，利用有利的肌肉收缩力，只要力用得巧，可令整复过程中的再损伤之可能性减到最小，能大大缩短愈合时间，提高愈合质量。

整复固定后的检查仍是不可缺少的环节。对上中1/3骨折，应重点注意压夹的松紧，有无张力性水疱发生的可能，是否继续有较多的内出血，远肢端的血运等，对下1/3骨折，应重点注意神经症状及血管严重损伤的症状。

股部肌肉丰厚有力，初期功能锻炼时，应多加小心"以免惊动损处"。宜作踝泵运动和足趾活动，以帮助气血运行。国外不少学者提倡绝对卧床，避免负重，何天佐通过长期的观察及实践，认为只要临床基本愈合就应在有夹板的保护下用腋杖帮助行走，患肢在固定保护下的负重，有利于折端挤压、嵌插、促进骨折愈合。这类骨折6-8周可基本痊愈，不必至少12周才检验连接程度。膝关节活动的恢复与骨痂生长无关，而是与牵引、固定方法，功能锻炼的恰当与否有关。

（整理：周家骏）

十四、股骨颈骨折

（一）理论认识

随着世界人口老龄化趋势加强，股骨颈骨折的发生率正以快速的速度增长。股骨颈骨折发生的主要机理是外力致伤、骨质疏松，发病人群多见于老年人。有学者预测，中国因人口较多，老龄化趋势严重的特点，将成为股骨颈骨折的高发地区。研究表明，该病的危险因素包括：年龄、跌倒史、雌激素水平低下等。临床上股骨颈的分类方式多样，多以骨折部位、X线片上骨折线倾斜度、骨折移位程度分类。何氏骨科学将股骨颈骨折按部位分类分为头下部、中央部和基底部骨折，按骨折作用力的方向和着力点可分为外展型骨折和内收型骨折。对股骨颈骨折的治疗，何天佐有丰富的临床经验，其保守治疗效果好，针对有移位的患者，首先是手法复位，后外敷中药、合理固定、功能锻炼并辅以中药内服。

（二）临床病案

文某，女，78岁，1987年8月14日就诊。

主诉：撞伤致左下肢疼痛伴活动不利8小时

刻诊：患者于8小时前被自行车撞倒，致左下肢疼痛，不能站立，送成都某医院急诊，X线片报告提示（图28）：左股骨颈完全性骨折，骨折远端向上移位。未作处理，立即送来我院治疗。查体：患髋无肿胀，患肢外旋，腹股沟附近有明显压痛和纵轴叩痛，髋关节功能障碍或丧失，不能站立和行走，且较健肢短缩 2 cm，舌红，苔薄白，脉弦紧。

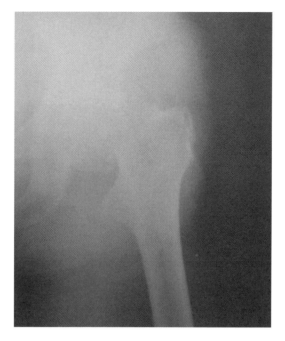

图 28

诊断：左股骨颈骨折。

辨证：气滞血瘀 骨断筋伤。

治法：行气活血 续筋接骨。

手法：患者仰卧，助手双手按住骨盆两侧髂嵴固定，术者腰前屈，以左手屈肘由患肢内侧拿握患肢膝部，并用上臂和肋部挟住患肢小腿，使患肢屈髋、屈膝并稍外旋、外展，右手托握患肢大转子，术者左手用力并同时伸腰，以股骨干为力臂牵引并内旋患肢，右手同时配合推挤内旋大粗隆，后右手稳住大粗隆，左手将患肢拉直放平捺正，足尖向上外展30°，内旋10°左右，然后测量下肢长度，掌跟试验检查复位情况，股骨颈骨折后掌跟试验往往为阳性，如骨折整复成功，骨位良好掌跟试验为阴性。

外用：外敷中药消肿止痛散（何氏1号外敷散）后用宽绷带由患肢外侧向内经胯到腰部作单髋人字包扎。包扎几圈后，用一块16 cm×11 cm大小的硬纸板（剪成弧形），内衬棉垫，用胶布固定于患肢大粗隆处，再用宽绷带由外向内（对患肢而言）从腰往下经胯至腿作单髋人字包扎，绷带交叉着力点在弧形纸板。包扎完后用一钢丝长夹板，上齐髂嵴，下至跟部，外展患肢30º包扎固定，防止患肢外旋，再用七孔砖（或砂袋）两个分别置于患肢踝部内、外侧。

内服药物：

患者老年女性，目前为新伤骨折，予以中药汤剂桃红四物汤加减行气活血，消肿止痛，具体方药如下：

香附 10 g、陈皮 12 g、当归 20 g、赤芍 12 g、红花 6 g、桃仁 3 g、川芎 12 g、贝母 10 g、炙草 5 g、木通 10 g

水煎服，每日 3 次，每次 60 mL，口服。

嘱患者常作上肢活动和深呼吸，并配合做足部背伸、跖屈及股四头肌收缩活动。

二诊：治疗 20 天后。患者精神可，无自觉痛感，现左下肢固定在位，食纳可，大小便正常。查体：患髋无肿胀，腹股沟附近有轻度压痛。患肢继续固定，隔日敷药，患者于骨折两周时已经将敷药方案调整为消肿止痛散（何氏 1 号外敷散）外敷于骨折周围，续断接骨散（何氏 2 号外敷散）外敷于骨折处，此二味药方均为何氏骨科外敷散剂之一，前者主要组成为当归尾、川芎、红花、赤芍、青皮、茜草、乳香、三七、桃仁；后者由当归、川芎、三七、杜仲、续断、土鳖、乳香、血竭组成。调制方法为将以上药物研成细末，用 50°左右食用白酒和食用水各 50%，调至糊状。消肿止痛散适用于外敷闭合性骨折，软组织损伤患者，具有行气活血、消肿止痛的功效。续断接骨散适用于闭合性骨折、脱位的初期和中期患者，具有接骨续筋的作用。

调整中药汤剂：

黄芪 40 g、三七 15 g、当归 20 g、川芎 12 g、甘草 3 g、土鳖 6 g、碎蟹 10 g、续断 12 g、白术 12 g

水煎服，每日 3 次，每次 60 mL，口服。

嘱患者继续做上肢活动和深呼吸，并配合做足部背伸、跖屈及股四头肌收缩活动。一月后拆除长夹板，可适当屈髋、屈膝、抬腿锻炼，并逐步锻炼站立，由扶拐到弃拐行走和下蹲等。

三诊：45 天后。患者无疼痛、患肢能直膝抬腿离床，开始下床扶拐步行。查体：患髋无肿胀，无明显压痛。本次后患者于我院门诊定期门诊敷药，调整外敷药物为壮骨抗劳散（何氏8号外敷散）外敷于髋关节处，止痛壮骨散敷于关节周围。治疗80天后复查X线片报告提示：左股骨颈陈旧性骨折，目前可见骨痂形成，对位尚可，片中余无特殊发现。患者能弃拐行走和做一些家务劳动，可至家附近菜市场买菜，痊愈停诊。

四诊：半年后。患者于我院复查X线片提示（图29）：左股骨颈陈旧性骨折愈合良好，股骨头无缺血坏死征象，无创伤性关节炎改变。

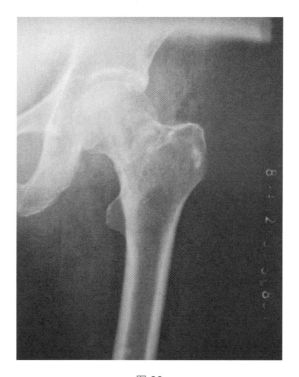

图 29

按语：

在手法整复过程中术者两手要配合默契，心手合一，达到瞬间复位，若遇身体壮实，肌肉丰满者需助手配合，对患肢屈膝、屈髋牵引及拔伸捺正。若遇肌肉丰满、移位较大者，在整复上弧形压垫包扎完毕后配合使用泡沫牵引套牵引。使用牵引只是为维持整复后患肢体位，而不是依靠牵引复位，所以牵引重量约2 kg即可。整复有移位的股骨颈骨折时，第一要考虑肢体的重力和阻碍复位的肌张力，二要解决旋转折面的嵌复，三要尽力避免因整复的人为损伤破坏局部血运。手法是根据髋关节的杠杆力学原理进行整复。从杠杆力学结构上看，下肢为平衡杠杆，髋关节为支点，骨折后支点随之落在假关节上。术者使患肢屈膝解决了肢体的重力，并形成良好的着力点和旋转股骨的力矩。屈髋并稍外旋、外展既能使患肢重心靠近支点，又可达到松解髂腰肌的外旋和臀中、小肌的外展张力，从而减少整复的阻力。整复时，术者两手配合，动作连续。患者痛苦小，因整复造成的人为损伤也相应减少。

本病案中，患者为老年女性，经手法整复、外敷中药和绷带、弧形压垫包扎后，用七孔砖（或砂袋）两块置于踝部内、外侧，将患肢固定于外展中立位。其不强求解剖复位，且复位手法宜巧，切忌使用蛮力，已防止二次骨折及股骨头坏死。且对年老体弱者，初期外敷中药以行气活血、止痛为主，着重考虑股骨颈骨折患者为老年体弱，并且必须卧床。二便不利、食欲不振、肺炎等并发症在所难免。处方以健脾胃、通二便、润肺止咳等，常用药：桃仁、当归、沙参、贝母、桔梗、炙草、木通、香附、车前草、生甘草、郁李仁等，随证化裁。

何天佐认为股骨颈骨折患者大多年事较高，体质多为肝肾亏虚，且有不同程度的骨质疏松。外治及内服药物都应将辨病与辨证相结合。此案例患者为老年女性，应在骨折早期—中期阶段，尽早地使用可接骨续筋、补益肝肾的药物。而骨伤科药物内服物一般具有一定的胃肠刺激性，宜饭后服用，年老体弱、儿童应适当减量，所以本病例患者每次服用剂量有减轻。针对老年患者，长期卧床，气血不能顺行，且伤后耗气伤血，易至气滞、气血、血瘀，故患者易疼痛、食少、少气懒言，脾气亏虚不能化五谷气，四肢失于濡养。故要重视"气"在骨折恢复中的作用，《难经·二十二难》云"气主煦之，血主濡之"，就形象地说明了气在人体内无所不至。如果气不至，则精、津、液、血均不能化生。而本案方剂重用黄芪为君，其主要有益气固表、利水消肿、敛疮生肌的功效，入肺脾两脏，使气机调达，水液输布，气血畅行。运用三七、当归、川芎活血，气行则血行，气血互相依托，互根互用。白术健运脾胃，土鳖、碎蟹、续断续接筋骨。

常规股骨颈骨折的患者愈合较慢，一般为 5～6 个月，股骨头坏死是该病的常见晚期并发症，本病例患者年事高，但愈合时间较短。可见何天佐在骨折愈合方面有自己独特的见解，复位手法稳、准、快，力量适中，且固定妥当，外敷及内服药物辨证准确。

在整个骨折治疗阶段，"动"贯穿整个骨折全程，早期的上肢、胸部及股四头肌的运动，使老年患者有效预防肺部感染、下肢肿胀、血栓形成及关节僵硬。中后期让患者从挂拐行动到弃拐行走，尽早地让患者恢复其骨折部位的功能，是从一个局部的活动牵动人体整体活动的过程，在整个运动过程中，使患者形体伸展，人体气血津液运行调达，且半年后随访，患者并无股骨头坏死，通过早期补肝肾、续接筋骨及早期活动的有效干预，从而实现机体的快速自主恢复。

（整理：郭一贤）

十五、股骨头劈裂性骨折伴髋关节脱位

（一）理论认识

髋关节脱位是种严重损伤，脱位后股骨头位于 Nelaton 线（髂骨前上棘与坐骨结节连线）之前者为前脱位；脱位于该线之后者为后脱位；股骨头被挤向中线，冲破髋臼而进入骨盆者为中心脱位；三种类型中以后脱位最为常见。这种损伤应按急诊处理，复位越早效果越好。

髋关节脱位可合并有髋臼或股骨头的骨折，一般在整复脱位时，骨折可随之复位，偶有股骨干骨折，先整复脱位，再用手法整复骨折，能手法整复者，尽量不做切开整复。

髋关节脱位临床上结合受伤体位、畸形、X线片情况，可明确诊断。患者伤后有明确及相当严重的外伤史，患髋疼痛、肿胀及功能障碍。其肢体改变有以下特点：

1. 髋关节呈屈曲、内收、内旋短缩畸形。

2. 患肢活动受限，呈弹性固定位。

3. 腹股沟部触诊有空虚感，患侧臀部膨隆，可触及脱位的股骨头。

4. 股骨大转子上移，其上缘位于髂骨上棘与坐骨结节连线以上。

5. 黏膝试验阳性。

目前主要的治疗方法中，手术治疗并不具备普遍适用性，尤其是老年患者对手术耐受性差，术后并发症多，而保守治疗主要采用手法复位绷带、托板固定，其中手法复位成本低，对周围的软组织损伤最小，且操作简单，受力直接，保证血液循环的同时可进行循序渐进的康复锻炼。何天佐治疗股骨头劈裂性骨折伴脱，强调瞬间复位，减轻复位时患者疼痛感，具有用时短、瞬间准确整复、患者疼痛感少、有利关节功能早期恢复等特点，配合联合夹缚固定术及分部位用药法，疗效更佳。

（二）临床医案

金某，男，48岁，1994年6月8日就诊。

主诉：高处坠伤至右髋部疼痛，活动受限1小时。

刻诊：患者于1小时前在家不慎从3 m多高处坠下，即感右髋部剧痛、肿胀、活动障碍。休息后无缓解，遂由家属送至我院就诊。查体：右髋部肿胀、压痛，右髋部功能障碍，不能站立行走，伤肢缩短。门诊摄X线片提示（图30）：右股骨头劈裂性骨折伴脱位。收入住院治疗。

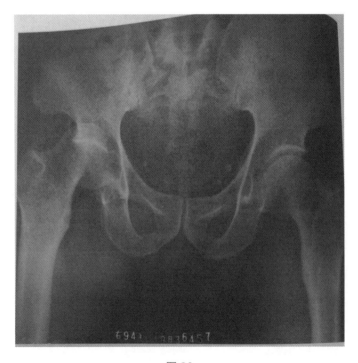

图30

诊断：右股骨头劈裂性骨折伴脱位。

辨证：气滞血瘀，骨断筋伤。

治法：行气活血，续筋接骨。

手法：患者仰卧位，一助手按压两髂前上棘固定骨盆，医者一手持患肢踝关节上部，另一手持膝部，在牵引下徐徐屈髋屈膝并内收内旋髋关节使膝部接近至腹部，然后在继续牵引下逐渐外展外旋伸直患肢，当伸直达 100° 左右时予以沿患肢长轴线予以瞬间加大牵拉力，以腰力带动双手，即可听到复位弹响声，逐渐伸直患肢。因此法的屈曲，外展、外旋，伸直是一连续动作，形状恰似一个问号"?"，故亦称划问号复位法。

固定：髋关节外展 30° ～ 40° 中立位，弧形纸板固定于患肢外侧，上齐髂前上棘上缘，下至股骨上 1/3，绷带缚扎，配合皮牵引 2 周，重量 2 kg。

外用：右髋外敷消肿止痛散，活血化瘀，消肿止痛，留药 24 小时，隔日一换。

内服药物：内服肿痛宁胶囊，每天 3 次，每次 4 粒，舒筋活血止痛。

嘱患者做右足趾和踝关节积极活动，幅度逐渐由小到大，每天次数 400 ～ 500 下，并积极锻炼股四头肌力量。

二诊：1994 年 6 月 18 日查房，患者右髋部肿胀、疼痛明显缓解。查体：右髋部皮色、皮温正常。局部压痛、叩痛较前明显缓解。右下肢短缩已纠正。治疗继续予以卧硬板床休息，右髋部固定于外展 30° ～ 40° 旋中位托板固定，右髋腹股沟中点外敷续断接骨散接骨续筋，周围外敷消肿止痛散消肿止痛，每周 3 次。内服肿痛宁胶囊 4 粒 po tid 消肿止痛。鼓励患者做右足趾和踝关节积极活动，幅度逐渐由小到大，每天次数 400 ～ 500 下，并积极锻炼股四头肌力量。

三诊：1994 年 7 月 8 日查房，患者右髋部肿胀、疼痛不明显。查体：右髋部皮色、皮温正常。局部压痛、叩痛较轻。双下肢等长。治疗继续予以卧硬板床休息，右髋部固定于外展 30° ～ 40° 旋中位托板固定，右髋腹股沟中点外敷续断接骨散接骨续筋，周围外敷止痛壮骨散活血化瘀，温经止痛，每周 3 次。内服接骨续筋胶囊，每天 3 次，每次 4 粒，接骨续筋。继续做右足趾和踝关节积极活动，每天次数 400 ～ 500 下，积极锻炼股四头肌力量。

四诊：1994 年 8 月 2 日查房，患者右髋部肿胀、疼痛不明显。查体：右髋部皮色、皮温正常。局部压痛、叩痛不明显。双下肢等长。复查骨盆 DR 提示（图 31）：右股骨劈裂性骨折伴脱位复查，目前骨位可，有少量骨痂生长，右髋关节关系可。外敷药物同前，内服止痛壮骨胶囊，每天 3 次，每次 4 粒，补肝肾壮筋骨。扶拐下地行走锻炼，患者于 1994 年 8 月 5 日临床治愈出院。

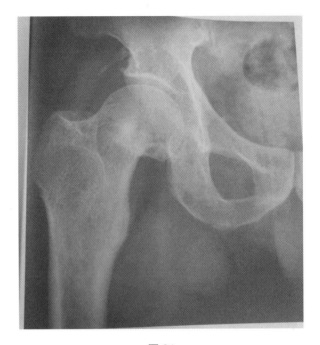

图 31

按语：

股骨头劈裂性骨折临床较为少见，一般多因强大的间接暴力所致，常常合并髋关节脱位。髋关节前脱位可合并股骨头上方的骨折，髋关节后脱位可合并发股骨头内下方的骨折或头上部的骨折，有时也可见到股骨头粉碎骨折，临床上多为髋关节后脱位合并股骨头劈裂性骨折。

何天佐治疗股骨头劈裂性骨折伴脱位，用何氏骨科独有的骨折脱位瞬间复位法，瞬间之力在于"寸劲"的使用，医者势如满弦之弓，蓄力于双手，在患者不察之时，双手及腰部骤然发力，双上臂如满弦复弹，腰部似卧弓回直，使错位的股骨头拉回原位，同时劈裂得股骨头也随之复位。在用此手法时，注意牵拉的方向一定是"顺势"，并不是讲"暴力"，是讲究"骤然"和"平滑"并且一次性成功，最大程度上减轻了肌肉软组织的进一步损伤。患者痛苦少，治疗周期短，经济实惠，疗效确切。

（整理：张华勇）

十六、胫腓骨骨折

（一）理论认识

胫腓骨骨折是全身常见骨折，约占全身骨折的 9.7% ~ 13.7%。各个年龄组均可发病，尤以 10 岁以下儿童或者青壮年为多，其病因多是交通意外伤、重物砸伤、高处坠落伤等高能量暴力。这些致病因素造成的骨折多呈粉碎性，甚至是多段骨折，伤后常伴随严重的软组织损伤，往往需要手术予以固定，如处理不当，易并发骨筋膜间室综合征、切口感染、骨折端延迟愈合及骨髓炎等诸多并发症，严重影响临床治疗效果和生活质量。

由于胫腓骨骨折的治疗原则主要是恢复小腿的长度和负重功能，故应重点处理胫骨骨折。对骨折端的成角和旋转移位，应予以完全纠正；无移位骨折只需用夹板固定，直至骨折愈合；有移位的稳定性骨折（如横断形骨折），可经手法整复后以夹板固定；不稳定性骨折（如粉碎性骨折、斜行骨折等），可用手法整复、夹板固定后，配合跟骨牵引。开放性骨折应彻底清创，尽快使开放的伤口闭合，将开放性骨折变为闭合性骨折，再依据闭合性骨折的治疗方法治疗。

何氏骨科采用瞬间复位法和联合夹缚固定术，能够使胫腓骨骨折恢复一个良好的骨位，再加上独有的分部位用药法，外敷内服中药，对于早期消肿、中期修复、后期功能锻炼都有良好的作用。

（二）临床医案

杨某，男，24 岁，1987 年 3 月 11 日就诊。

主诉：右下肢伤痛 5 小时。

刻诊：1987 年 3 月 11 日患者因车祸致伤右下肢，当即感剧痛，右下肢畸形，活动障碍，骨折断端刺穿皮肤出血，由急诊送至我院就诊。查体：右下肢疼痛明显，压痛（+），叩击痛（+），肿胀明显，张力高，可触及明显骨擦感，闻及明显骨擦音。右下肢活动明显受限，肢端血循、感觉正常。X 线片报告提示（图 32）：右胫腓骨中断同一平面开放性骨折，胫骨粉碎，腓骨呈斜行断裂，断端向外移位，并向内凸成角。

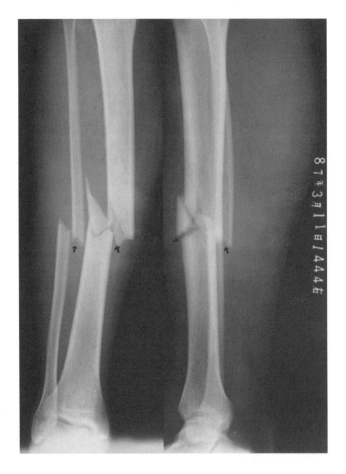

图 32

诊断：右侧胫腓骨中段骨折。

辨证：血瘀气滞，骨断筋伤。

治法：续筋接骨，行气活血。

手法：患者仰卧，膝关节半屈曲约为 20°～30°，助手甲站于患肢外侧握住患肢大腿下部或用肘关节套住患者膝腘窝部，助手乙面对患者，双手握住患者足背部及足跟部，二者顺势对抗牵引约 3 ~ 5 分钟，矫正重叠和成角。术者先用旋转手法纠正其外旋移位，同时助手乙将远端内旋即可。复位时，牵引力不可过大，否则易加大肌张力，而不易复位。然后用对向推挤法矫正左右移位，术者双拇指分别置于胫骨断端的内、外两侧凸处，对向推挤即可。最后矫正其前后移位，术者双拇指置于近折端前侧，余四指置于远折端后侧用提按法（提远端按近端）矫正，在行手法时助手甲可帮助术者向下按近端。然后可用类似手法整复腓骨骨折。用拇、食指沿胫骨嵴和内侧面来回触摸折断，检查是否平整，对线是否良好。注意，在胫骨骨折中，有可能断端出现"背靠背"的旋转移位，在整复中，应充分借助于 X 线片，了解其旋转方向，从逆旋转方向施以回旋手法方可复位，否则，复位较困难且易加重软组织损伤。

固定：内外侧夹板下平内外踝，上达骨内外髁上缘，前侧两块夹板下达踝上，上齐胫骨结节，以不妨碍膝屈曲 90° 为宜；后侧板下抵跟骨结节，上达腘窝下 2 cm。

外用药物：右小腿外敷消肿止痛散，隔日一换（创口无菌敷料覆盖，外敷药物避开创口）。

内服药物：口服肿痛宁胶囊，每天 3 次，每次 4 粒。

医嘱：

1. 嘱患者活动足趾，做股四头肌的静力收缩练习等。

2. 注意患肢血循情况，防止小腿肌肉缺血性挛缩引起足踝畸形。换药时应在足中立位牵引下进行。

二诊：1987 年 4 月 10 日复诊。患者骨位稳定，右下肢无明显疼痛，肿胀基本消退，小腿皮肤创口已经痊愈，予以右小腿骨折处外敷药物调整为续断接骨散，周围软组织外敷消肿止痛散，隔日一换；口服药物调整为接骨续筋胶囊，4 粒 / 次，3 次 / 日。

三诊：患者 5 月 17 日复诊，患肢肿胀消退，压痛、叩击痛不明显，双下肢等长，外观无畸形，已可扶拐行走。予以右小腿骨折处外敷药物调整为续断接骨散促进骨痂生长，周围软组织外敷止痛壮骨散，温通通络，隔日一换；口服药物调整为接骨续筋胶囊，每天 3 次，每次 4 粒。巩固治疗半月后去除外固定停诊。

1989年12月5日患者返院复查。X线片（图33）显示愈合良好，折线消失。患者下肢功能无障碍。

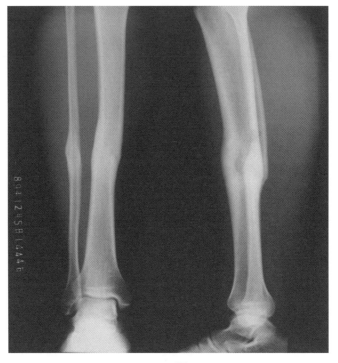

图33

按语：

《医宗金鉴·正骨心法要旨》将正骨手法归纳为"摸、接、端、提、推、拿、按、摩"八法。何氏骨科将正骨手法主要有拔伸、捺正、折顶、旋转、屈伸、摇晃、挤捏、分骨、合骨。不同的手法所适用的骨折部位和移位类型不同。解剖上胫骨前嵴和内侧面全段均可触及，便于手法触摸。拔伸牵引矫正骨折短缩，旋转手法矫正旋转移位，推挤、提按整复前后和侧方移位，短缩重叠无法牵开的骨折，通过折顶手法可以得到理想的复位。背离移位的骨折，该移位常常是沿着某1条轨迹形成的。移位后使得软组织嵌于断端，即使大力牵引、挤按，甚至大角度的折顶也不能复位，反而损伤软组织，应循移位轨迹相反方向，通过回旋手法逐步复位骨折，可使嵌在骨折断端周围的软组织得以松解，对软组织损伤小，可得到满意的复位。

外敷药治疗骨伤疾患，是骨科主要的外治方法。何氏骨科在常见的分型辨证和分期辨证的同时，总结出了特有的分部位辨证，在运用外敷药治疗骨伤科疾患时，采取了对不同部位、不同症状外敷不同中药的方法。对于新损伤的胫腓骨骨折患者，外敷消肿止痛散行气活血，化瘀退肿。随着肿胀的消退，在骨折处外敷续断接骨散，且药量逐渐加多，敷药面积逐渐扩大，待骨痂基本生长以后，可根据瘀肿消退的情况，缩小续断接骨散的敷药面积，甚至将消肿止痛散换成止痛壮骨散，以帮助功能恢复。何氏骨科特色的分部位用药法，能明显提高治疗效果，缩短治疗周期。

（整理：帅柔纤）

十七、桡骨下 1/3 骨折合并下尺桡关节脱位

（一）理论认识

桡骨中下 1/3 骨折合并下尺桡关节脱位，即盖氏骨折，是骨折的常见类型之一。1934 年由 Galeazzi 详细描述了此种损伤，并建议牵引拇指整复之。此后即习惯称此种损伤为盖氏骨折。暴力是导致盖氏骨折发生的主要原因，包括直接暴力、间接暴力、扭转暴力等。由于尺骨、桡骨之间由骨间膜相连，当桡骨中下 1/3 发生骨折时，可通过骨间膜的牵拉作用造成尺骨小头的脱位。移位不明显的骨折仅有疼痛，肿胀和压痛；移位明显者，桡骨将出现短缩，成角畸形，下尺桡关节肿胀并有明显压痛。

在影像学表现中，盖氏骨折骨折部位于桡骨中下 1/3 交界处，多为横形或短斜形，下尺桡关节脱位的程度与桡骨移位严重度有关。正位片上，桡骨折端出现短缩，远侧尺桡骨间隙减小，桡骨向尺骨靠拢；侧位片上桡骨通常向掌侧成角。骨折后前臂折端处受多种力量影响而移位。旋前方肌收缩，外展拇长肌及伸拇肌牵拉使桡骨远折段向尺骨靠拢，造成尺侧移位；肱桡肌牵拉桡骨远折段造成桡骨短缩移位。西医治疗常使用石膏固定，但即便是将手腕尺偏位固定于石膏中，也无法避免由于肌肉收缩力量持续存在而造成的骨折移位，最终使治疗效果不佳。中医手法整复治疗盖氏骨折历来有其优势，何氏骨科特有的联合夹缚固定术，运

用夹板、压垫、粘膏和绷带,既能良好地控制整复后的良好骨位,又能加大肢体活动、纠正残留移位,增加局部血流,促进骨痂形成。

(二)临床病案

施某,女,24岁,2004年9月30日就诊。

主诉:右前臂伤痛2天。

刻诊:2天前患者行走时不慎摔倒,当即感右前臂疼痛,活动受限,于外院检查后诊断为"右侧桡骨下1/3骨折合并下桡尺关节脱位",行手法整复后效果不佳,随即来我院就诊。查体:右前臂肿胀明显,张力较高,压痛(+),叩击痛(+),可触及明显骨擦感,闻及明显骨擦音,右前臂活动明显受限,肢端血循、感觉正常。X线片(图34)提示:右侧桡骨下1/3骨折合并下桡尺关节脱位。

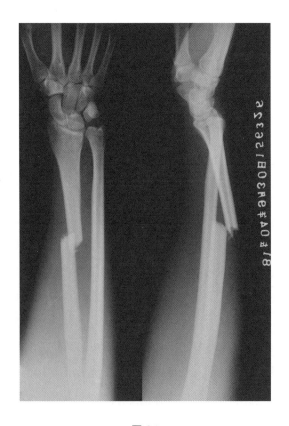

图34

诊断：右侧桡骨下1/3骨折合并下桡尺关节脱位。

辨证：血瘀气滞，骨断筋伤。

治法：行气活血，续筋接骨。

手法：患者取坐位，患肢肩关节略外展，肘关节屈曲，前臂中立位，助手甲握持前臂上段，助手乙一手握患肢拇指，另一手握住其余四指进行拔伸牵引，拇指的牵引力稍大，使桡骨的重叠得以矫正，骨折远端因旋前方肌的牵拉而发生的向尺侧移位也有所改善，并使得下尺桡关节的关节面向上退缩者能恢复到正常位置。若有掌背移位，则术者两手拇、食、中指分别捏住尺、桡骨下端做对向提按使之平复；横向分离者两手拇指由桡、尺侧向中心扣紧下尺桡关节。关节脱位整复后嘱助手乙握患手其余四指的手改握患腕部，以保持复位状态。术者开始整复骨折，先用夹挤分骨法纠正桡骨突向尺侧的成角畸形，并一手维持分骨状，然后另一手拇指向掌侧按骨折远端（或近端），食、中、环指向上提骨折近端（或远端），用分骨提按法纠正其向掌侧或背侧的移位。若有向掌侧或背侧的成角，则可用折顶法予以纠正。如果是斜形或螺旋形骨折有相互背向移位者，则应将远段由掌侧向背侧或由背侧向掌侧回旋，以矫正背向移位。复位后复查DR：左桡骨下1/3骨折合并下桡尺关节脱位，经手法整复后，下桡尺关节脱位已纠正，骨断端对位对线良好（图35）。

固定：整复后，下尺桡关节部位用一长弧形压垫从桡骨茎突掌侧约1 cm处绕过背侧至尺骨茎突掌侧1 cm作半环形用胶布环绕粘贴固定，即合骨垫固定。骨折部位在尺桡骨之间置放一分骨垫，若远折段尺移，其位置应稍下；若远折段桡移，其位置应偏上，然后用一弧形压垫根据骨折移位情况及整复后残余移位程度，将压垫置于桡背侧或桡掌侧，用胶布黏贴固定。绷带由内向外包扎几圈，用前臂四块小夹板、三根扎带固定。其背侧和桡侧的夹板均应超过腕关节约2～3 cm，使手尺偏。但若远折段桡移，可不考虑尺偏固定，以利骨折对位，再用绷带包扎，最后用三角巾悬吊屈肘90°，前臂中立位。

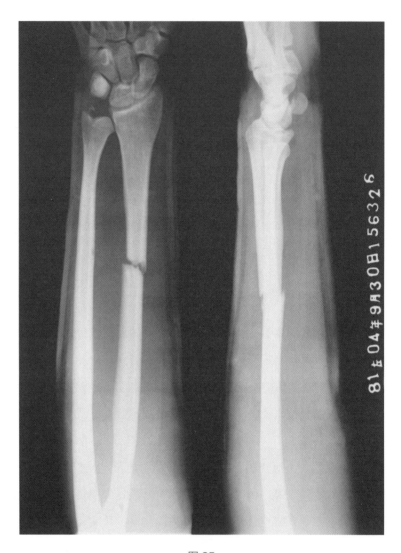

图 35

外用药物：右前臂外敷消肿止痛散，隔日一换。

内服药物：口服肿痛宁胶囊，每天3次，每次4粒。

医嘱：

1. 手法整复后右前臂禁止旋转运动，防止再移位。

2. 做手部各掌指关节、指间关节主动运动，握拳伸指，并逐渐增加运动幅度及用力程度。

3. 观察患肢肿胀、血循、皮肤感觉及各指活动度，避免固定过紧及过松。

二诊：2004年10月27日复诊，患者骨位基本稳定，前臂无明显疼痛，肿胀基本消退。右前臂外敷药物调整为续断接骨散，隔日一换；口服药物调整为接骨续筋胶囊4粒／次，3次／日。

三诊：2004年11月17日复诊，拆除夹板，指导患者做前臂旋转、屈伸动作，患者功能恢复良好。

按语：

桡骨下1/3骨折合并下桡尺关节脱位又称盖氏骨折，儿童和成年人均可发生，但以20～40岁的成年男子较为多见。直接暴力和间接暴力均可引起此类损伤，但多为间接暴力所致。跌倒时，手掌着地，暴力通过桡腕关节向上传导至桡骨薄弱点即下1/3处发生故障。折线可呈短斜形或横形（螺旋形少见）。因桡骨远段的移位而致三角纤维软骨及尺侧腕韧带或尺骨茎突被撕裂，则产生下尺桡关节的脱位。脱位可为纵形的前后移位或横向的分离，而骨折则可出现典型的移位，即桡骨远折段受拇长展肌和拇短伸肌的挤压而向尺侧成角和尺侧、掌侧移位，被旋前方肌牵拉而选前(向掌侧移位)，拇长展肌和拇短伸肌有时可嵌于两骨折段之间，导致骨折不愈合。

盖氏骨折稳定性差，复位后再移位趋势较大，本病例复位后使用"联合夹缚外固定法"固定，尤其是下尺桡关节的合骨垫和尺桡骨之间的分骨垫与小夹板互为补充、相互支撑，形成三维立体的固定体系，使得固定更加稳定可靠，但该创伤由于暴力较大，早期往往肿胀较重，应密切观察患肢肿胀、血供和皮肤感觉，及时调整固定松紧度，避免压疮和筋膜间室综合征发生。

（整理：帅柔纤）

十八、肩关节脱位

（一）理论认识

肩关节脱位是临床上常见的上肢骨关节损伤，是骨科临床常见病、多发病，历代医家对肩关节脱位的致伤原因、分类、症状、复位标志、固定、预防再发等方面进行了论述，并提出了多种复位方法。肩关节结构不稳，运动灵活的球凹关节。由于组成肩关节的肱骨头比较大，肩胛盂小而浅。肱骨头呈半球形，其面积约为肩胛盂的 3 ~ 4 倍，关节囊薄弱、宽大松弛，是发生肩肱关节容易脱位的原因，肩关节脱位在全身大关节脱位中占第二位。

肩关节脱位好发于 20 ~ 50 岁的男性患者。根据肱骨头脱出的位置可分为前脱位和后脱位两大类，前脱位还可分为喙突下、盂下、锁骨下脱位三种。前脱位较常见，其中以喙突下脱位最多，后脱位极少见。肩关节脱位约 30% ~ 40% 的病例合并有肱骨大结节撕脱骨折，是最常见的并发症。多数折块很少向上移位，脱位的肱骨头复位后，大结节骨折亦随之复位。

整复肩关节脱位的手法较多，何天佐认为，无论采用哪种手法，都应了解、熟悉肩关节周围肌肉的解剖关系，在牵引作用下，利用各块肌肉不同但又相互协调的生理功能，使用巧力将脱出的肱骨头还纳关节窝内，尽量避免肩关节软组织的再度损伤。

（二）临床医案

李某，男，37 岁，2002 年 9 月 15 日初诊。

主诉：右肩伤痛 1 小时。

刻诊：1 小时前骑自行车不慎摔倒，右肩着地，当即右肩疼痛、肿胀、活动困难，遂至我院就诊。查体：左手扶右前臂于屈曲位，右肩部肿胀，方肩畸形，与健侧比较前侧略显空虚感，压痛（+），叩击痛（+），搭肩试验（+），直尺试验（+），右肩关节活动明显受限，抬举、外展肩关节痛剧，右肘关节、腕关节活动可，患肢肢端感觉、血循正常。舌质淡红，苔薄白，脉弦紧。经 X 线片报告提示（图 36）：右肩关节对应关系不佳，肱骨头向内下方移位，位于喙突下。合并右侧肱骨大结节骨折，断端稍移位，周围软组织肿胀。

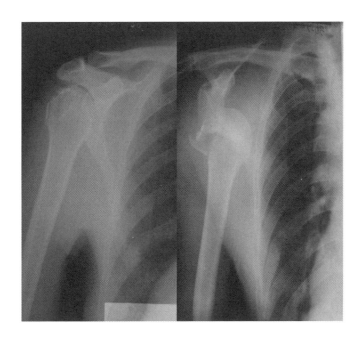

图 36

诊断：右肩关节脱位伴肱骨大结节骨折。

辨证：血瘀气滞证。

治法：活血化瘀、行气止痛。关节脱位手法整复、三角巾悬吊，外敷口服中药。

手法：运用何氏骨科的"挥手复位法"复位，患者坐位，固定上身，术者位于患侧的侧后方，左手把住脱位之肱骨头，右手握患肢前臂下段，用左手轻轻按摩患者，类似检查，待患者肌肉放松注意力分散时，突然右手牵拉患肢经患者左腹部、左胸部前面高高举过头并外展，左手在牵引的同时将肱骨头外推，当患肢完成这一动作时，复位即完成，最后用手法梳理局部肌肉，同时检查空虚感是否消失。

外用：右肩外敷外敷消肿止痛散行气活血，隔日一次，三角巾悬吊。

内服药物：何氏肿痛宁胶囊，每天 3 次，每次 4 粒。

医嘱：

1. 复查 X 线片报告提示（图 37）：右肱骨头在位，右肩关节脱位已纠正。

右肱骨大结节断端对位对线好。

2. 加强患肢握拳伸指锻炼。

3. 注意观察右肩肿胀、疼痛和右上肢肢端感觉、血循、活动情况。

4. 隔日一次定期换药。

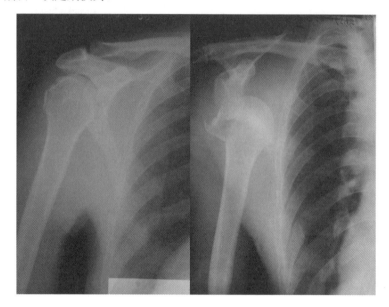

图 37

二诊：2002 年 9 月 22 日复诊，观右肩部轻度肿胀，右肩局部轻度疼痛外敷药物调整为右肩骨折处外敷续断接骨散接骨续筋，周围外敷消肿止痛散行气活血，隔日一次。

三诊：2002 年 9 月 29 日复诊，观患者右肩无肿胀，右肩前侧轻微压痛。口服药物调整为接骨续筋胶囊，每天 3 次，每次 4 粒。指导患者适度进行耸肩锻炼，可逐渐上举患肢。

连续治疗 3 周，右肩无疼痛，活动恢复正常。

按语：

何氏骨科整复肩关节脱位主要采用挥手复位法，其作用机制主要是依靠牵引作用，类似于牵引推拿法，肱骨头在左右手牵引和向外推的动作配合下，从肩关节盂下关节囊破损处滑入关节盂内，可听到肱骨头滑动的声响，则复位成功。一般关节囊或骨膜与肱骨头骨折块相连，此时肱骨大结节骨折也随之复位。与传统的 Hippocrates 法（手拉足蹬法）相比，挥手复位法充分体现了何氏骨科的"治骨先治肉"理论。该手法的操作要点是：①复位前轻轻按摩患者，即可更加准确地了解肱骨头的位置，"手摸心会"，又可放松局部肌肉（"治骨先治肉"理论在复位过程中的"顺筋"作用），同时分散患者注意力，然后用一个果断而不是粗暴的动作复位。②注意把住肱骨头和牵拉患肢的双手要协同用力。③早期即进行上肢肌肉活动，起到"理筋""舒筋"的作用。该手法的优点是：①瞬间用力，复位动作连贯，精炼快速，一气呵成，减轻了复位时因长时间牵引肌肉痉挛而引起的疼痛，患者痛苦少。②操作中再损伤轻，出血少，对血管神经无损伤，复位后肩关节功能恢复好。③复位成功率高，肩关节功能恢复快。④单人操作，适合于医生人数较少的基层医院。该手法的缺点是：①对术者要求较高。要求术者了解、熟悉肩关节周围肌肉的解剖关系，利用各块肌肉不同但又相互协调作用的生理功能（"治骨先治肉"理论在复位过程中的"用筋"作用），使用巧力将脱出的肱骨头还纳关节窝内，尽量避免肩关节软组织的再度损伤。②对脱位时间长、局部水肿严重、肌肉高度紧张或者身材魁伟、肌肉发达者不适用。何氏挥手复位法适宜于就诊时间短（在 24 小时之内）、身体状况一般、无软组织嵌夹、无血管神经损伤的患者，对单纯的肩关节盂下脱位尤其适用。

（整理：周跃辉）

十九、月骨脱位

（一）理论认识

月骨脱位是指月骨与周围腕骨发生分离脱位，掌侧端为一较宽的四方形，背侧端较尖，因此，以掌侧脱位多见。在损伤初期，因肿胀易造成月骨脱位漏诊。

月骨形如一锥状体，其前后为桡月掌、背侧韧带，血运则通过韧带进入。月骨凸面与桡骨下端形成关节，凹面与头状骨形成关节。月骨前面相当于腕管，有屈指肌腱和正中神经通过。

发病多由间接暴力所致。突然跌倒，手掌着地，腕关节因强力极度背伸，桡骨下端背侧缘及头状骨的挤压，月骨向掌侧脱位。脱位后，月骨多有向掌侧旋转移位，根据其旋转程度可预知其血运状况，判断预后有无缺血性坏死。若旋转90°，桡月背侧韧带断裂，掌侧韧带未断裂，月骨的血供尚存，一般不发生坏死；若旋转大于90°，桡背侧韧带断裂，掌侧韧带亦不同程度发生扭曲，月骨的血运会受到一定的阻碍，部分病例可发生月骨缺血性坏死；若旋转90°并向掌侧移位，则桡月掌、背侧韧带均断裂，月骨的血运完全丧失，月骨易发生缺血性坏死。

月骨脱位患者通常有明显受伤史，伤后腕部疼痛、肿胀（以掌侧尤显），掌侧可有骨性隆起，腕关节屈曲功能受限。腕向掌侧呈轻度屈曲，五指自然分开不能伸直（呈半握拳状），被动伸二三指时疼痛加重。如压迫正中神经，可出现桡侧三个半指的感觉障碍。因月骨脱位后多有旋转摄线正侧位片确诊前后位片上正常月骨呈四方形。脱位后呈三角形，侧位片上正常月骨凹面朝远端与头状骨相对，脱位后凹面朝向掌侧与头状骨分离。

月骨脱位临床上较少见，且临床上由于对月骨脱位在X线片上的形态变化认识不清，容易漏诊，手法复位固定后DR片显示应为：正位片月骨的形状由脱位前的三角形变为方形，侧位片月骨的凹面朝向远端并与头状骨相对；月骨是块楔形骨，其宽阔的基底向前近似四边形，而尖端指向背侧，位于桡骨与头状骨之间的袋状空隙内，袋状空隙可以防止月骨向背侧脱位，因此月骨背侧脱位很少见；固定治疗期间，密切观察指端血循环情况及感觉功能有无异常，做手指关节及肘肩关节的主动屈伸锻炼，观察皮肤有无过敏反应定期换取外用中药，饮食清淡，忌油腻辛辣。

（二）临床医案

李某，男，41岁，工人，于1993年7月8日在我院门诊就诊。

主诉：右腕关节伤痛伴功能障碍30分钟。

刻诊：患者于30分钟前在工地上不慎摔倒，致右手掌着地，腕关节极度背伸，当即感右腕关节疼痛剧烈，局部活动困难，肿胀畸形，未做处理急来我院就诊，X片报告提示（图38）：右侧月骨脱位。

诊断：右腕关节月骨脱位。

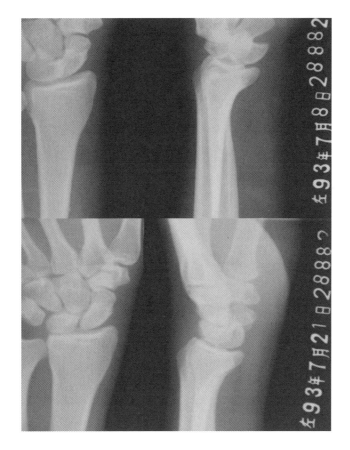

图 38

中医辨证：骨错筋伤，气滞血瘀。

治法：活血化瘀。

手法：患者坐位，助手握住患肢中下段，术者面对患者，一手握其手部使腕关节尽量背伸，以加大桡骨下端和头状之间的间隙，在牵引下，另一手的拇指按住月骨凹面的远端用力推挤向背侧，使之复位，若向掌侧的突起消失，手指可由不能伸直变为手指屈伸自如。表示复位成功，将腕关节背伸位牵回掌屈位。复位后运用何氏骨科联合夹缚外固定术，腕关节采用塑形钢丝托板固定于腕关节屈曲30°位1周，然后改为腕关节中立位固定2周，解除固定即进行腕关节的功能锻炼。

外用：患腕局部外敷何氏消肿止痛散，隔日换药。伤后 2 ～ 4 周：在患腕月骨周围部位外敷续断接骨散，在其余患腕肿胀部位外敷消肿止痛散 ，隔日换药。伤后 4 周：在患腕部根据腕关节的功能可外敷何氏松痉解凝散，隔日换药；同时外用何氏上肢舒筋汤熏洗治疗，以松解粘连疏通筋络恢复腕关节的功能。

内服药物：伤后 1 周口服肿痛宁胶囊，每天 3 次，每次 4 粒。伤后 2 ～ 4 周口服接骨续筋胶囊，每天 3 次，每次 4 粒。

二诊：伤后 1 天复诊，观右腕关节肿胀减轻，局部疼痛较前减轻，钢丝托板松紧适应。调整松紧度，观察有无压疮，更换外敷中药。

三诊：伤后 13 天复诊，观右腕关节肿胀慢性减轻，局部疼痛慢性减轻，钢丝托板松紧适应，复查 X 线片（图 39），月骨对位对线好。予以患腕月骨周围部外敷续断接骨散，在其余患腕肿胀部位外敷消肿止痛散，口服接骨续筋胶囊，每天 3 次，每次 4 粒。

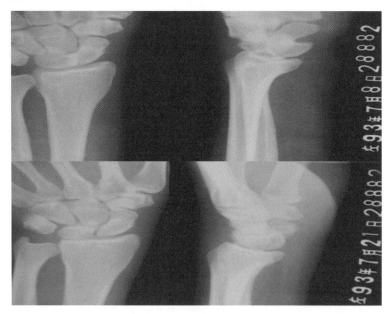

图 39

经门诊治疗 5 周后，关节功能恢复正常，局部无压痛，无肿胀，能从事日常生活活动。门诊随访半年未见月骨坏死，临床治疗痊愈。

按语：

何天佐认为骨科医生只有具备了健壮的体魄，才能避免实施正骨手法时力不从心或虎头蛇尾，过硬的手法是骨科医生不可或缺的基本功之一，手法扎实，用力得当，何氏骨科正骨手法治疗一人即可实施，何氏骨科强调"手法如书法，手到、心到、气到，才能心手合一，运用自如"，同时注意尽可能减轻患者痛苦，"切忌伤而再伤"。

手法复位的要点主要为对抗牵引和腕背伸，牵引作用一方面松弛腕关节，加大腕关节间隙，关节极度背伸使桡骨与头状骨之间的间隙充分扩大，以利于脱位的月骨得以恢复位置，此乃手法复位成功的关键。如手法复位不成功，多因关节内嵌夹软组织，只有先解决了这些韧带及筋肉的阻碍力时，骨方能回位。月骨脱位多伴有桡月背侧韧带及桡月掌侧韧带扭曲而出现绞锁，可予伸屈摇摆腕关节，松解软组织，再行复位。所以何氏骨科理论对骨伤的致病机制及治疗的深刻认识是"治骨先治肉"。何氏骨科认为骨伤的致伤机制是肌肉对骨所形成的牵引方向，可分为横向载荷与纵向载荷两种，他们常常受四种因素的影响：①肌肉牵拉点和方向；②肌肉对骨的附着点是以点的方式还是面的方式；③各组肌肉的相对能量；④正常情况下肌肉的定时收缩。当人体遭受暴力，正常生理情况被破坏时，肌肉的牵拉力可能是骨折、脱位应力的一部分，并必然是移位应力的一部分，是维持移位的主要应力。所以脱位、骨折整复时就必须要克服这些应力。

在遣方用药时，脱位后，患者关节肿胀，疼痛，功能障碍，舌淡红，脉弦紧，辨证为骨错筋伤，气滞血瘀。何氏骨科在治疗时认为全在一个"活"字，同属砖瓦木料，何以能造万千风格之庙宇殿堂，匠心独运是其故也，而"活"字当依具体伤病而论，如治疗损伤，"当辨筋伤、骨伤、气伤、血伤，孰轻孰重，药有轻重之别，甚或同病异治，异病同治"，"固定之方，不能应万变之疾"。所以在月骨脱位中我们要根据不同时期、不同部位、不同病症分期，分症、分部位用药。早期我们先全敷何氏消肿止痛散，以活血化瘀，消肿止痛，而不急于用接骨续筋的药物，以免此类药物加速瘀血的凝固机化而气机不畅；在脱位的中期，局部骨错筋伤未续，气滞血瘀尚未化，这时我们得在骨错筋伤部位外敷何氏续断接骨散，在气滞血瘀的腕部周围外敷何氏消肿止痛散，已达到续筋行气活血的兼备；后期腕关节粘连，若还用续断续筋性药物会加快关节筋肉的粘连，这时我们得外用何氏松痉解凝散或外用舒筋汤以松解粘连，活络关节。

固定期间应尽早行掌指关节与指间关节握拳活动，肘关节的屈伸活动，肩关节的抬举活动。临床实践证明，伤肢关节活动与全身功能锻炼对治疗损伤有推动气血流通和加速祛瘀生新的作用，可改善血液与淋巴液循环，促进血肿、水肿的吸收和消散，加速愈合，使关节、筋络得到濡养，防止筋肉萎缩、关节僵硬、骨质疏松，有利于功能恢复。练功疗法应贯彻"动静结合"的治疗原则，局部与全身功能锻炼相结合，故三周后拆除托板外固定，进行功能锻炼，同时严格掌握循序渐进的原则，练功的动作应逐渐增加，次数由少到多，动作幅度由小到大，锻炼时间由短到长。同时，要顺应四时气候的变化，注意保暖。

（整理：满天明）

二十、肘关节脱位

（一）理论认识

肘关节是人体六大关节之一，是上肢活动的枢纽，由肱尺关节、肱桡关节及尺桡上关节构成，三个关节共在一个关节囊内。肘关节脱位就是指上述三个关节的分离移位，在临床中很常见，在各大关节脱位中居首位，可发生于任何年龄组，多发生于青壮年，儿童与老年人少见。肘关节囊前、后壁薄而松弛,两侧壁厚而紧张,并有桡、尺侧副韧带加强，关节囊的后壁最薄弱，故常见肘关节后脱位。

肘关节的运动以肱尺关节为主，是屈戊关节，允许做屈、伸运动。肱骨内、外上髁和尺骨鹰嘴都易在体表扪及，当肘关节完全伸直时，此三点位于一条直线上；当屈肘 90° 时，此三点的连线构成一尖端朝下的等腰三角形，称为"肘后三角"，是鉴别肱骨髁上骨折和肘关节脱位的重要体征。无论单纯性肘关节脱位还是复杂性肘关节脱位，复位后均要评估肘关节稳定，必要时需手术治疗。该脱位的早期可同时合并肱骨内或外上髁撕脱骨折、尺骨冠状突骨折、桡骨头或桡骨颈骨折、鹰嘴骨折、肘内外侧副韧带断裂、桡神经或尺神经牵拉性损伤、肱动、静脉压迫性损伤，后期可能出现侧副韧带骨化、骨化性肌炎、创伤性关节炎及肘关节僵硬等。

（二）临床医案

文某，男，40岁，四川某公司员工，1991年6月5日初诊。

主诉：左肘摔伤疼痛伴活动受限2小时。

刻诊：患者于就诊前2小时在走路去往公司途中不慎摔倒，左手着地致伤，即感左肘疼痛、畸形、活动困难，遂至我院门诊就诊。查体：左肘肿胀明显，肌张力高，畸形明显，弹性固定于半屈曲位，局部压痛明显，肘后三角关系异常，肘后尺骨鹰嘴异常后突，肘关节活动受限，左上肢指端循环、感觉及活动度尚可。

X线片提示（图40）：左肘关节后脱位，周围软组织肿胀，未见明显骨折。

诊断：左肘关节后脱位。

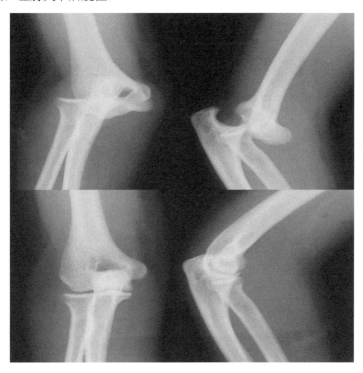

图40

辨证：气滞血瘀、骨错筋伤。

治则：行气活血、消肿止痛。

治法：手法整复、固定，外敷内服中药，三角巾悬吊。

手法：采用前臂旋转法复位，患者坐位，患肘半屈曲（即自然脱位状态），术者面向患者，一手拇指按住向后外突出的尺骨鹰嘴的外侧，余四指扣住鹰嘴顶端，另一手握紧患肢腕部 与扣住鹰嘴的四指延前臂长轴方向用力做顺势牵引，将前臂慢慢旋后的同时，拇指推挤尺骨鹰嘴，当听到入臼声，表示肘后三角关系已经恢复正常，患者屈伸肘关节时顺滑无阻力，即标志复位成功。

外用：患部外敷何氏消肿止痛散，隔日一次，将肘固定于屈曲 90°，前臂用三角巾悬吊胸前。

内服药物：何氏肿痛宁胶囊，每天 3 次，每次 4 粒。

医嘱：

1. 复查 X 线片报告提示（图 41）：左肘关节脱位已纠正。

2. 复位完成后做主动握拳、屈伸腕关节、耸肩等动作。

3. 注意观察患肢肢端感觉、血循及活动等情况。清淡饮食，少油腻辛辣。

4.1 周后复诊。

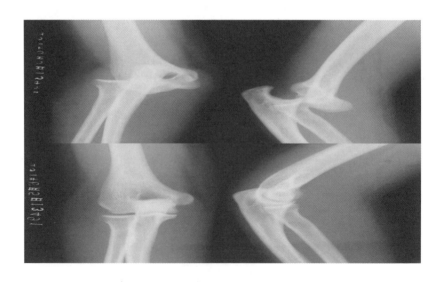

图 41

二诊：1991 年 06 月 12 日复诊，局部疼痛肿胀明显减轻。主动进行屈伸肘关节活动，外敷药调整为外敷何氏松痉解凝散，隔日一次，口服何氏接骨续筋胶囊 0.6g 每日三次。两周后复诊。

三诊：1991 年 6 月 28 日复诊，患处疼痛肿胀不明显，功能恢复良好，临床治愈。

按语：

何天佐认为，关节脱位多由传达暴力或杠杆作用引起。如当跌倒时手掌着地，肘关节完全伸展，前臂旋后位，由于人体重力和地面反作用力引起肘关节过伸，尺骨鹰嘴的顶端猛烈冲击肱骨下端的鹰嘴窝，即形成力的支点。外力继续加强，引起附着于喙突的肱前肌和肘关节囊的前侧部分撕裂，则造成尺骨鹰嘴向后移位，而肱骨下端向前移位的肘关节后脱位。由于构成肘关节的肱骨下端内外髁部宽而厚，前后又扁薄，侧方有副韧带加强其稳定，但如发生侧后方脱位，很容易发生内、外髁撕脱骨折。直接暴力作用于关节部也可造成关节脱位，但较为少见。

在整复肘关节脱位时，何氏骨科采用的是"前臂旋转复位法"，传统复位方法需三人操作，两助手分别托住前臂和上臂进行对抗牵引，术者一手握上臂的下端，另一手握前臂，双手用力，在牵引下屈曲肘关节，一般屈曲 60°～70° 时，关节即能自动复位。此方法在临床上较为常用。但相对于传统复位法，前臂旋转复位法有两个优点：一是简易方便，也不需过大的牵引力，术者一人即可操作，避免多人操作协调不当，减少了患者等待的时间；二是可减轻患者痛苦，特别是传统复位法屈肘过程中，如过度牵引可能加重损伤，再者由于牵引力不足而造成尺骨冠突卡在肱骨远端下，此时强行屈肘，疼痛剧烈患者常常不能耐受，而且加重关节囊的损伤，甚至是造成尺骨冠突的骨折或者肱骨内外髁的撕脱性骨折，对后期的功能恢复造成影响。"前臂旋转复位法"就是利用四指扣住尺骨鹰嘴作为杠杆的支点，顺势的牵引力，加上关节囊的弹力回缩达到复位的目的。整个治疗过程中，也遵循何氏骨科"治骨先治肉"理论。复位过程中采用杠杆原理，使用巧劲和肌肉、关节囊的自然弹力回缩，复位后即开始锻炼，尽早开始上肢肌肉锻炼，有助于稳定脱位，使用肌肉的"液压效应"，起到夹板固定的作用，同时可有效减轻或避免关节粘连。

（整理：刘昌鹏）

二十一、髋关节脱位

(一) 理论认识

髋关节为最典型的杵臼关节,它由髋臼、股骨头、关节囊和韧带组成,髋臼包括骨性部分和纤维性的孟唇,比较深,包容股骨头的大部分,二者紧密贴合,形成真空。较深的髋臼,能容纳整个股骨头,且关节外有强大的肌群包围,是一个相当稳定的关节。它不仅有传递体重的作用,并在跨步时操纵躯干重心使之向前移动,即主要功能是负重和运动。关节囊及周围韧带坚强,构成的关节非常稳定,而且关节周围有丰富的肌肉,作用于股骨近端使得股骨头牢靠地贴附于髋臼内。

髋关节一般不易发生脱位,只有在强大暴力作用下才可能发生,患者多为青壮年,髋关节前脱位因患肢明显较健肢长,髋关节后脱位大粗隆向后上移位,臀部膨隆,且患肢呈屈曲、内收、内旋和缩短畸形。引起脱位需要强大的暴力作用,脱位或脱位合并股骨头骨折通常由高能量损伤引起,如:交通伤、高处坠落等。髋关节脱位后,多存在不同程度的髋臼或股骨头软骨损伤、股骨头血运破坏。

脱位后的并发症,例如股骨头缺血性坏死、创伤性关节炎、坐骨神经损伤、移位骨化、再脱位等比较常见。国外有研究报道远期创伤性关节炎高达50%,其治疗目的是恢复稳定的关节对应关系,力争保留股骨头的几何外形。髋关节脱位属于较严重损伤,需要急诊及时处理,力争尽早恢复关节对应关系,减少脱位带来合并损伤的影响程度。

目前主要的治疗方法中,手术治疗并不具备普遍适用性,而保守治疗主要采用手法复位联合骨牵引,其中骨牵引治疗成本低,且操作简单,受力直接,保证血液循环的同时可进行循序渐进的康复锻炼。但保守治疗后患者多有持续性的肿胀、疼痛,不利于早期功能锻炼。何天佐治疗髋关节脱位强调瞬间复位,减轻复位时患者疼痛感,具有用时短、瞬间准确整复、患者疼痛感少、有利关节功能早期恢复等特点,配合联合夹缚固定术及分部位用药法,能有效缓解患者持续肿胀、疼痛等症状,促进疼痛、肿胀早期消退,有利早期功能锻炼和骨折修复。

根据发病时间的长短,可分为新鲜脱位和陈旧性脱位,根据股骨头脱出髋臼的位置可分为前脱位、后脱位、中心性脱位。前人对该病有很多记载,如《仙授理伤续断秘方》将脱位分为"胯骨从臀上出"（后脱位）与"胯骨从档内出"（前脱位）两种，《普济方·折伤门》用粘膝征来鉴别髋关节前脱位和后脱位，《救伤秘旨》则用"足短者"与足长者来分前脱位和后脱位，其曰：夫两腿环跳骨脱出者，此最难治之症也，足短者易治，足长者难治。指出前脱位比后脱位难治疗得多。

（二）临床医案

金某，男，14 岁。于 1994 年 11 月 5 日入院。

主诉：高处坠伤至左髋部疼痛，活动受限 1 小时。

刻诊：患者于 1994 年 11 月 5 日 8 点多，在家不慎从 3 m 多高处坠下，即感左髋部疼痛，活动受限，休息无缓解。遂由家属送入我院就诊，门诊摄 DR 片提示（图 42）："左髋关节后脱位伴髋臼骨折"收入住院治疗。

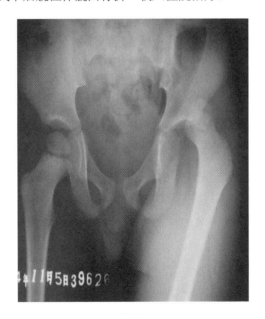

图 42

诊断：左髋关节后脱位伴髋臼骨折。

辨证：血瘀气滞证。

治法：手法整复、小夹板骨牵引固定，活血化瘀、行气止痛。

手法：按何天佐"骨伤手法治疗为先"理论思想，首先予手法整复。

整复方法：患者仰卧位，一助手按压两髂前上棘固定骨盆，医者一手持患肢踝关节上部，另一手持膝部，在牵引下徐徐屈髋屈膝并内收内旋髋关节使膝部接近至腹部，然后在继续牵引下逐渐外展外旋伸直患肢，当伸直达 100°左右时沿患肢长轴线予以瞬间加大牵拉力，以腰力带动双手，即可听到复位弹响声，逐渐伸直患肢，合并有髋臼骨折的在整复脱位时，骨折可随之复位，整复结束。脱位骨折整复后，左髋固定于外展 30°～40°旋中位牵引，行股骨髁上牵引，维持重量 4 kg。

外用：左髋外敷消肿止痛散，绷带包扎，每周三次。

内服药物：内服肿痛宁胶囊 3 粒，1 天 3 次。

医嘱：

1. 复查 X 线片报告提示（图 43）：左髋关节脱位伴髋臼骨折，经矫正后，脱位已纠正，髋臼骨折对位对线好。

2. 鼓励患者做左足趾和踝关节积极活动，幅度逐渐由小到大，每天次数 400～500 下，并积极静力收缩锻炼股四头肌力量。

3. 注意观察左髋肿胀、疼痛和左下肢肢端感觉、血循、活动情况。

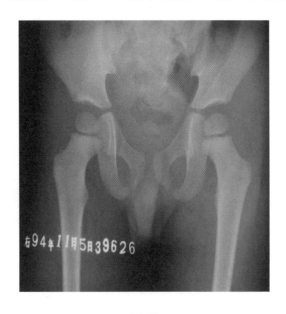

图 43

二诊：1994 年 11 月 9 日查房，观左髋肿胀、局部疼痛较前减轻，骨牵引处无渗液，牵引重量适应。左髋腹股沟中点外敷续断接骨散促进骨痂生长，周围外敷消肿止痛散行气活血，消肿止痛一周三次，注意调整下肢力线，指导患者加强股四头肌锻炼。

三诊：1994年12月10日查房，观患者左髋部肿胀已基本消退，局部疼痛明显减轻。左髋部外敷药物调整为脱位处外敷续断接骨散接骨续筋，周围外敷止痛壮骨活血化瘀，温通经络，隔日一次。口服药物调整为接骨续筋胶囊，每天3次，每次4粒。

连续治疗4周，拆除骨牵引，指导踝关节积极活动，并积极锻炼股四头肌力量。再4周后左髋活动均正常，日常生活基本不影响。

按语：

髋关节是全身最深的关节，也是最完善的杵臼关节。它的功能特点是稳定、有力而灵活，以保证人体的直立和行走。髋关节脱位占全身四大关节脱位的第3位。非强大暴力不能造成脱位，患者多为活动力强的青壮年男子。

本病例由传达暴力引起，患者高处坠伤，属于中医学"跌扑"致伤范畴，为何氏骨科分类中"骨伤－外损－骨折"范围。患者坠伤后足先着地，身体重力向下冲击，地面反作用力沿下肢向上作用于髋关节造成脱位伴髋臼骨折，作用力大，观片发现患者髋关节脱位的同时伴有髋臼粉碎骨折，显示患者损伤严重。患者新伤骨折，按何天佐主任医师"骨伤手法治疗为先"理论思想，首先予手法整复。在复位时尤其应注意人体的解剖关系，所施手法必须在不造成新的人为损伤的前提下，克服阻碍复位的抗力，充分利用人体自身恢复平衡的内在动力。并在复位过程中仔细分析阻碍复位的抗力和再移位的倾向力。用子骨寻找母骨，也就是用骨折的远端找近端的方法，用力学的杠杆原理并结合骨折部位的解剖关系，利用关节功能活动化解肌肉阻碍复位的抗力；调动人体自身的动力以恢复机体的内平衡。本病例中，瞬间之力在于"寸劲"的使用，医者势如满弦之弓，蓄力于双手，在患者不察之时，双手及腰部骤然发力，双上臂如满弦复弹，腰部似卧弓回直，使重叠的断端拉回原位。在用此手法时，注意牵拉的方向一定是"顺势"，并不是讲"暴力"，是讲究"骤然"和"平滑"并且一次性成功，最大程度上减轻了肌肉软组织的进一步损伤。

（整理：李先畔）

二十二、膝关节脱位

（一）理论认识

膝关节是全身中结构最复杂，承受杠杆作用力最强的一个关节，由股骨、胫骨和髌骨三部分构成。髌骨后面与股骨滑车的前面形成髌股关节，股骨的两髁关节面与胫骨两髁关节面构成关节。因股骨两髁关节面与胫骨两髁关节面形状不相符合，关节内有半月板作为衬垫而显得相互吻合。膝关节为非球窝关节，其骨性结构稳定性差，但周围有坚强的韧带和关节囊，主要是靠两侧的副韧带、关节内的膝前后交叉韧带，及膝关节周围的肌肉和股四头肌、腓肠肌及腘绳肌等结构来维持其稳定性，故膝关节是相当坚固稳定的，其脱位较少见，发生率仅占全身各关节脱位的 0.6%。膝关节只有在强大外力作用下，才发生脱位，而且常伴有广泛的关节囊及韧带的撕裂，也常伴有关节内的撕脱骨折和膝关节周围的血管、神经损伤等。

根据胫骨上端在股骨下端的脱位方向，分为膝关节前脱位、后脱位、内侧脱位、外侧脱位及旋转脱位五种类型。临床上膝关节以前脱位较多见，而旋转脱位较少见。临床上结合受伤体位、畸形、X 线片情况，可明确诊断。

目前主要的治疗方法为中医保守治疗及手术治疗。何天佐治疗膝关节脱位强调瞬间复位，减轻复位时患者疼痛感，具有用时短、瞬间准确整复、患者疼痛感少、有利关节功能早期恢复等特点，配合联合夹缚固定术及分部位用药法，能有效缓解患者持续肿胀、疼痛等症状，促进疼痛、肿胀早期消退，有利早期功能锻炼。

（二）临床医案

刘某某，男，46 岁，于 2005 年 8 月 16 日就诊。

主诉：高处坠伤至右膝部疼痛、肿胀、畸形伴活动受限 4 小时。

刻诊：患者于 4 小时前在工地不慎从 2.5 m 多高处坠下，即感右膝部疼痛、肿胀，畸形伴活动受限，遂由工友送入我院就诊。查体：右膝部肿胀、压痛，畸形，右膝功能受限，不能站立行走。门诊摄片显示（图 44））：右膝关节前脱位。收入住院治疗。

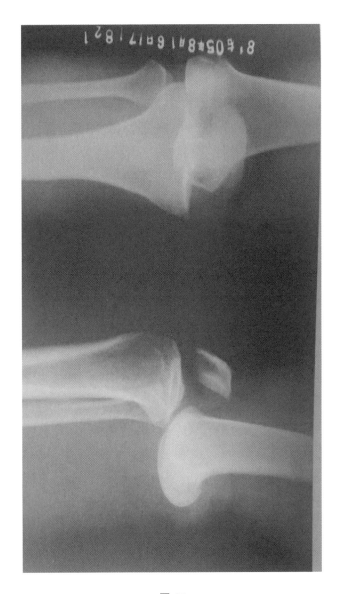

图 44

诊断：右膝关节前脱位。

辨证：血瘀气滞。

治法：手法整复，活气行血。

手法：患者仰卧位，一助手用双手握住患侧大腿下部，另一助手握住踝部，膝关节半屈位，顺纵轴作对抗牵引。医者站于患侧，用一手托股骨下端向前，另一手推按胫骨上端向后，在助手牵引下瞬间对向发力，患部畸形消失，屈伸膝部无阻碍及明显疼痛，即已复位。

固定：右膝托板固定于 160° 左右，绷带缚扎，患肢中立位固定 4 ~ 6 周。

外用药物：右膝外敷消肿止痛散，活血化瘀，消肿止痛，留药 24 小时，隔日一换。内服药物：内服肿痛宁胶囊，每天 3 次，每次 4 粒，化瘀止痛。嘱患者做右足趾和踝关节积极活动，幅度逐渐由小到大，每天次数 400 ~ 500 下，并积极锻炼股四头肌力量。

二诊：2005 年 8 月 20 日查房，患者右膝肿胀明显缓解，疼痛明显缓解。查体：右膝部肿胀明显缓解。局部压痛、叩痛明显缓解。畸形已纠正。右膝活动功能受限。继续抬高患肢休息，右膝托板固定于 160° 左右伸展中立位，股骨远端后侧加软垫固定。外敷、内服药物同前，继续做右足趾和踝关节积极活动，幅度逐渐由小到大，每天次数 400 ~ 500 下，并积极锻炼股四头肌力量。

三诊：2005 年 9 月 20 日查房，患者右膝肿胀不明显，疼痛较轻。右膝活动受限。查体：右膝部肿胀不明显。局部压痛不明显，叩痛较轻。右膝活动功能受限。治疗予以右膝外敷续断接骨散接骨续筋，周围外敷消肿止痛散消肿止痛，每周 3 次。内服接骨续筋胶囊，每天 3 次，每次 4 粒，接骨续筋。继续做右足趾和踝关节积极活动，每天次数 400 ~ 500 下，并积极锻炼股四头肌力量。今日撤托板及压垫，予以右膝运动疗法及右膝关节松动训练，嘱主动右膝屈伸活动功能锻炼。

四诊：2005 年 10 月 11 日查房，患者已扶拐下地行走，右膝肿痛不明显，外观无畸形，局部压痛、叩痛不明显，右膝伸直正常，屈曲约 110°，屈伸活动患部酸胀不适，无神经及血循异常，复查 X 线片（图 45），右膝骨关节对位对线好。予以右膝外敷续断接骨散接骨续筋，周围外敷止痛壮骨散活血化瘀，温经止痛，每周 3 次。内服止痛壮骨胶囊，每天 3 次，每次 4 粒，补肝肾壮筋骨。继续右膝运动疗法及右膝关节松动训练，松解关节粘连。主动右膝屈伸活动功能锻炼。患者于 2005 年 10 月 13 日临床治愈出院。

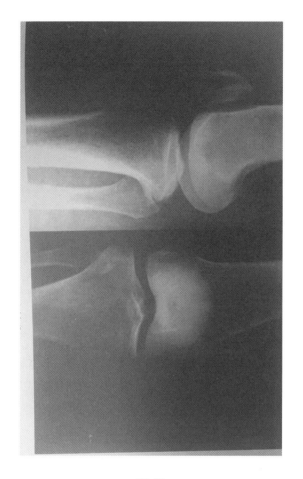

图 45

按语：

膝关节脱位临床少见，多属暴力作用或姿势不当所致，见于青壮年。其治疗方法以手法复位为主，时间越早，效果越好，否则因关节周围肌肉挛缩，血肿机化，组织粘连，影响复位造成关节僵硬，形成残疾。其复位原则是使脱位的关节端按原来脱出的途径退回原处。如膝关节脱位复位时，力线要在一个平面上，避免因操作粗暴，造成严重出血或骨折等。施术前后均作摄片检查与体格检查，以进行前后对比，了解膝关节韧带情况，以免漏诊、误诊。

何天佐用何氏骨科独有的骨折脱位瞬间复位法，整复膝关节脱位，疗效确切，经济实惠。但需注意膝关节脱位属于极严重的膝关节损伤，多合并有韧带、软骨、血管、神经损伤，复位后应密切观察患肢肿胀、血循环、皮肤感觉、各趾活动度及膝关节稳定情况，必要时需手术治疗，切开复位凡具有下列指征者，均可考虑手术治疗：

1. 手法闭合复位失败。

2. 复位已成功，但合并有膝前后交叉韧带、侧副韧带严重损伤，为防日后膝关节不稳定，可考虑早期韧带修补术。

3. 关节内骨折，复位后骨折块复位不良或处于游离状态时。

4. 并发血管、神经损伤时。

（整理：张华勇）

二十三、腰椎间盘突出症

（一）理论认识

腰椎间盘共有5个，其厚度由腰1～4逐渐增厚，腰5椎间盘较其他的薄。椎间盘是一个具有流体力学性能的结构，其上下的软骨板是透明软骨，与椎体骨组织直接相连。周围的纤维环为弹性纤维，纤维斜行编织，包围髓核，使椎体间有摇椅状运动。髓核为胶状物质，具有流体的物理学特点，"当任何外力施加于密闭水容器的单位面积时，必有相等的压力传导于容器的每个单位面积上"。因之髓核平均地分布了由椎体所传来的压力，亦保持了两个椎体之间的一定距离。软骨终板由软骨细胞组成，平均为1 mm。软骨终板透率极为缓慢，由于软骨终板降低了渗透性而促使髓核退变。因软骨终板内无神经和血管组织，故当报伤后既不产生疼痛症状，亦不能自行修复。总之，腰椎间盘具有重要的生理功能，其连结两相邻椎体维持脊柱生理曲度，使后关节突保持一定距离和高度，共同构成椎间关节使脊柱能够运动。椎间盘的高度亦维持椎间孔的容积，保证了脊神经根出椎管的通路。当脊柱负荷时，间均承受重力。对脊突然承受过大的压力，椎间盘能缓冲或吸收对椎骨的负荷。

腰椎间盘突出常压迫腰丛和骶丛神经。腰丛由第12胸神经前支一部分、第1～3腰神经前支和第4腰神经前支一部分共同构成，位于腰大肌的深面，所分出的外围神经如股神经、髂腹下神经、髂腹股沟神经和闭孔神经等，亦由腰大肌穿出，进入腹前壁和股部。股神经是腰丛中最大的神经，初在腰大肌与髂肌之间下行，继经腹股沟韧带深面入月三角内，位于股动脉外侧，分支支配大腿前面的肌群及皮肤。股神经的皮支中有一支最长，称为隐神经，与大隐静脉并行，向下分布于小腿内侧面及足内侧缘的皮肤。闭孔神经从腰大肌内侧缘走出，沿小骨盆腔侧壁向前下行，通过闭孔至大腿内侧。分布于大腿肌侧群和大腿内侧面的皮肤。骶丛由第 4 腰神经前支一部分，第 5 腰神经前支和全部骶、尾神经前支组成，位于骨盆腔内，在梨状肌前面，其主要分支有坐骨神经和阴部神经。坐骨神经是全身最粗大的神经，经梨状肌下孔出骨盆，在臀大肌深面，过大转子与坐骨结节之间至大腿后面，多在腘窝上角附近分为胫神经和腓总神经二终支。

腰椎和腰椎间盘是脊柱承受应力和运动的重要部位，腰椎间盘又是椎间关节的重要组成结构，故无论从动态或静态来说，两者的生物力学都比较复杂。

脊柱最小的基本单位，即脊柱功能单位，包括两相邻的椎骨与连结椎骨的椎间盘和韧带，它能基本展示整个脊柱的生物力学特性。腰椎的屈伸运动轴位于椎间盘髓核的连线，即位于椎间盘中、后 1/3 界处，椎管前方约 5 mm。腰椎的旋转运动轴在腰椎两个上关节突围绕的圆弧几何中心——棘突的根部。此运动轴腰椎可做 6 个自由度运动：①以脊柱纵轴为坐标作压缩和牵拉分离运动；②矢状面的向前和向后运动，亦即一定范围的矢状面滑动；③额状面的侧向滑动；④额状面的前屈和后伸运动；⑤矢状面的侧倾和旋转运动；⑥围绕垂直轴作水平面的旋转运动。此 6 个自由度运动，前 3 个为被动运动，后 3 个为主动运动。在不同水平位，各个运动节段有不同的运动范围，但有一个共同活动量的表现，显示胸椎与腰椎于不同水平位的运动比较。其结果显示屈伸幅度在腰运动节段为逐渐增加，至腰骶段可达 20°，侧弯则在下胸段可有最大范围 8°～9°，腰节段均有 6°，而旋转范围则是越往下幅度越小，至下腰节段仅有 2°。在正常情况下，腰椎运动节段屈伸的即刻中心和侧弯的刻中心在椎间盘内，但在异常情况下，如椎间盘显著退变时，它可处在椎间盘之外，则可引起异常的面活动。

腰椎关节突涉及相邻两椎骨的屈伸和旋转运动以及承受应力。在过去，一般认为关节突主要是指导运动节段的运动，只有极小的负荷功能。近几年来的研究显示它们的负荷功能也很大。脊柱功能单位中，关节突承受近50%剪应力、18%压应力和15%扭应力。腰椎关节突与椎间盘之间的负荷受不同运动方式的影响。若脊椎后伸，关节突的负荷最大，约为总负荷量的30%，前屈时同时又有旋转，则其负荷量也很大。而腰椎的稳定性因运动方式不同而各有差异。后伸运动时，其稳定性较前屈运动时大，在侧屈时，其稳定性与后伸时无差异，但旋转运动时稳定性明显下降。在复合负荷时，腰椎的后结构在传递应力上起重要作用。最易产生应变的部位在椎弓部和关节突，发育不良的关节突或不对称的关节突，使两侧关节突所承受的应力不等，促使关节突退变，易致椎间盘结构损伤，导致腰椎间盘突出。

　　腰椎间盘突出本质上和椎骨及周围软组织变性相同，都是脊柱退行性病变的结果。椎间盘变性首先是发生脱水、干燥并出现松弛，进而碎裂，褐色素沉着，以致椎间隙变窄，出现脊椎失稳、脊椎弯曲等。组织学上可见到髓核的黏液样物质减少，中心出现空隙纤维变粗，而周围部软骨细胞增多，便和纤维环的界限模糊。继续退化时出现纤维化增强，发生钙化等。纤维环的纤维软骨细胞因变性而减少，纤维不规整，出现玻璃化，钙化和裂隙等，以致带小血管的肉芽组织侵入，软骨闭锁板容易发生裂隙。椎间盘的水分，特别是髓核的水分随年龄增长而减少，当纤维环有碎裂时，椎体和椎间盘的正常连接出现破绽，由于体重负荷或超载负荷及运动可使纤维向外膨隆，压迫前后纵韧带，使韧带和椎体附着部的骨膜受到持续性牵拉，从而产生骨刺。同时因椎间盘退变致椎间隙变窄、脊椎失稳，脊柱生理弯曲异常可导致椎间关节（后关节）歪斜，引起关节对合不良、关节囊肥厚或陷入、滑膜增生、骨刺形成及棘上、棘间和黄韧带肥厚、断裂、空泡和钙化等退行性变，也就是脊柱的内在平衡遭到破坏。脊柱的外平衡肌肉支架，因积累性劳损或退变使关节囊和椎间韧带松弛，髓核弹性减弱、椎间隙变窄和肌肉萎缩等，致脊柱的稳定性减弱。当脊椎负重或是超载荷负重情况下可造成椎间盘膨出、腰骶劳损等。若有急剧的体位变化，特别是扭转，对椎体的直压扭转应力，因脊椎缺乏外在平衡（肌肉支架）的保护，可造成单（多）个椎体的轻度位移，小关节紊乱及软组织损伤。椎体位移后，使关节突关节面错位，改变了关节突关节，间韧间盘的张力，导致相应椎间孔及椎管矢状径变小，破坏了椎的内在平衡。同时因损伤、出血也可导致椎体增生、钙化等。因脊椎内在平衡的破坏，出于代偿，势必引起脊椎外在平衡的相应改变，因此脊椎的内在和外在平衡是彼此影响、互为因果的。

腰椎间盘突出症患者的临床表现主要为腰痛，脊柱变形。其次为下肢发麻、疼痛和不全麻痹。患者初感腰背酸痛、僵硬、夜间或晨起时症状较重，稍活动后症状减轻，但活动过多或劳累后症状则加重。气候潮湿或寒冷也会加重症状。严重时，腰部活动及卧床翻身均感困难，有时沿神经根分布可出现反射性疼痛。这种由增生引起的根性痛可见于下列情况。椎体增生导致侧隐窝狭窄时，可嵌压神经根产生与椎间盘突出相似的放射痛，但没有后者典型；椎间盘变薄后，下位腰椎的上关节突可向上移位进入上位腰椎椎弓下切迹，使椎间孔狭小，从而嵌压位于其中的神经根。椎体后方的骨赘、松弛膨出的椎间盘与后方退变的关节突、厚的黄韧带从前后双方压迫神经根，产生神经根炎或嵌压、粘连迫使神经根变性，致腰及下肢疼痛，进而可导致马尾神经瘫（见椎管狭窄）。检查时可见脊柱外观变形，为圆腰、腰椎生理前凸减小或消失（退变严重者可发生脊柱侧凸、躯干偏歪、两侧不对称），脊柱活动受限，腰部肌肉僵硬呈板状，可有深压痛和叩击痛。有神经嵌压者，直腿抬高试验可为阳性，患侧下肢有麻木感，小腿外侧或内侧疼痛，触觉减弱，膝或跟腱反射减弱或消失，有马尾神经受压者，可有间歇性跛行及不全瘫。

（二）临床医案

夏某某，男，37 岁，2015 年 3 月 10 日入院。

主诉：腰痛伴右下肢放射性疼痛半月。

刻诊：患者半月前因受凉感腰部疼痛，右下肢放射性疼痛，受寒或阴雨天疼痛加剧，活动困难，不能久坐久站，在附近诊所按摩、针灸理疗，疗效不明显。遂于今日来我院门诊就诊，门诊摄片查体后以"腰椎间盘突出症"收入我科住院治疗（图 46）。查体：腰椎生理弧度存在，腰椎无明显畸形，L4/5.L5/S1 棘突右旁压痛，叩痛（+），呈放射性疼痛，会阴部无麻木，右侧直腿抬高试验 80°（+），加强试验（+），仰卧挺腹试验（+），股神经牵拉实验（−），腰背伸试验（−），腰部活动受限，双侧"4"字试验（+－），双下肢皮肤感觉及末梢血循环尚可。双侧小腿肌力、肌张力轻度改变，双下肢感觉正常，双侧跟腱反射、膝腱反射正常，未引出病理反射，双下肢末梢血循正常。

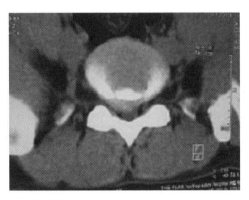

图 46

诊断：腰椎间盘突出症。

辨证：寒湿痹阻。

治法：温经散寒，活血化瘀。

手法：何氏骨科推拿手法：（1）点揉分理法：患者俯卧，医者用两手的拇指球部点揉患者肾俞、命门、气海俞、关元俞等穴，伴有腿痛者加点环跳、委中、承山、阳陵泉等穴并沿胸 10 椎至腰骶两侧分理背腰肌 3 遍。（2）揉滚拍击法：患者俯卧，医者用左（右）手的小鱼际肌从上至下揉滚患者两侧背腰肌 3 遍，并用左（右）手掌自上而下拍击背腰肌 3 遍。

外用：腰椎外敷何氏骨科中药逐阴散，腰椎两侧外敷何氏骨科中药止痛壮骨散，右臀部外敷何氏骨科中药风湿痹痛散，保持 24 小时，隔日一次。

内服药物：止痛壮骨胶囊，每天 3 次，每次 4 粒。

治疗 1 天后，患者自觉腰部冷痛减轻，疼痛可以忍受，夜间睡眠改善。治疗 1 周后，患者腰部疼痛缓解，右下肢疼痛减轻，腰部活动功能改善。治疗 3 周后，患者腰痛消失，右下肢放射性疼痛基本消失，目前下地行走 500 m 无异常。查体：腰部两侧肌肉紧张不明显，腰部功能基本正常，压痛，叩痛不明显，右下肢直腿抬高试验（－），加强试验（－）。临床治愈出院。

出院医嘱：嘱患者腰部暂不宜负重；腰部外贴强腰壮骨膏，右下肢外贴风湿痹痛膏，口服止痛壮骨胶囊，每天3次，每次4粒；减少弯腰活动；长期卧硬床；每天坚持腰背肌功能锻炼，条件允许可以游泳锻炼；不适门诊随访。

按语：

腰间盘突出症指腰椎间盘变性、纤维环破裂、髓核组织突出，刺激和压迫神经根及马尾神经所引起的一种综合征。在祖国传统的医学当中，腰椎间盘突出症属于"痹症"一证的范畴。明代张景岳《景岳全书·卷二五》认为"腰痛证凡悠悠戚戚，层发不已者，肾之虚也"。指出了肾与腰痛的密切关系。同时肝肾同源，肾主骨，肝主筋，筋骨相连。肝为藏血之脏，肝血足则筋脉劲强、束骨而利关节，静可保护诸骨，充养骨髓，动可约束诸骨，维持关节稳定。因此肾元亏虚肝血不足是腰腿痛发病的内因。又《诸病源候论·风湿腰痛候》说："劳伤肾气，经络既虚，或因卧湿当风，而风湿乘虚搏于肾，肾经与血气相击而腰痛，故云风湿腰痛。"《素问·至真要大论》曰："诸寒收引，皆属于肾"，又说："寒复内余，则腰尻痛，屈伸不利，股胫足膝中痛"。《素问·举痛论》说："寒气入经而稽迟，泣而不行，客于脉外则血少，客于脉中则气不通故卒然而痛"。说明寒邪使气血失于鼓动而气凝血瘀，发生疼痛。《素问·宣明五气论》说："久视伤血，久卧伤气，久坐伤肉，久立伤骨，久行伤筋，是谓五劳所伤"，长期慢性劳损及偶有扭挫之伤可引起受力最集中的局部发生气滞血瘀，筋骨受损。总之，劳损、外邪侵袭及偶有扭挫之伤均属腰腿痛致病外因。但外邪致病必须通过机体本身的因素，明代陈实功《外科正宗》："……但人之血气生平壮实，虽遇寒冷，邪不入骨。"

此患者系寒湿闭阻型腰痛。运用手法治疗配合何氏中药外敷及内服。手法作用主要是解除肌肉痉挛，改善局部组织的血液循环，促进炎性介质和代谢产物的吸收，有利于病变组织的修复。

患者系壮年男性，受凉后发病，寒为阴邪，易于凝滞气机，气滞则血瘀，气血不通则发为腰腿痛。遇冷加重，舌质淡，苔白腻，脉沉紧亦为寒湿之象。故病机为寒湿痹阻，治法当以温经散寒，通络止痛为要。逐阴散功能搜风剔寒、通阳宣痹，止痛壮骨散温经通络、活血化瘀，风湿痹痛散散寒止痛，三药齐用，则寒湿易除，气血渐行，疼痛渐消。

（整理：陈珂）

二十四、骨结核

（一）理论认识

骨与关节结核是一种常见的慢性炎症疾患，绝大多数发生于肺或胸膜结核，其余原发病灶在消化道和淋巴结。绝大部分结核杆菌由原发病灶到达骨与关节是通过血行传播，少数通过淋巴管由胸膜或淋巴结直接蔓延。本病以儿童及青年易发，尤以10岁以下儿童最多。由于儿童时期骨骼生长旺盛，儿童又多未感染过结核，对结核杆菌的抵抗力很弱。骨感染后不但易发病且易扩散，对儿童生长发育影响较大，所造成的病残也较严重，因而对中医学将骨与关节结核称之为"骨痨"或"流痰"，属虚证。

在早期的中医文献中本病大都混杂在阴疽（无头疽），流注及鹤膝风等疾病中，《内经》对疽症的描述，"诸病源候论"中的"骨瘘疽""缓疽"等均包括在内。到清代在高秉钧所著的《疡科心得集》中才开始把它区别开来，描述流痰者为纯阴无阳之证，并对本病的病因证治作了较详细的论述。其云："附骨疽者，亦生于大腿之侧骨上，为纯阴无阳之证，小儿三岁，五岁时，先天不足，三阳亏损，又或因有所伤，致使气不得升，血不得行，凝滞经络，隐隐彻痛，遂发此疡，初起或三日一寒热，或五日一寒，热形容消瘦虚损腿足难以屈伸，有时疼痛，有时不痛、骨酸漫肿，朝轻暮重，久则渐渐微软，似乎有脓，及刺破后，脓水清稀，或有豆腐花块随之而出，肿仍不消，元气日衰，身体缩小，而显鸡胸鳖背之象。"清代《医门补要·腰痛日久成龟背痰》曰："脾肾二亏，加之劳力过度，损伤筋骨，使腰胯隐痛，恶寒发热，食少形瘦，背脊骨中凸肿如梅，初不在意，渐至背伛项缩。盖肾衰则骨痿，脾损则肉削，但龟背疾已成，愈者甚寡，纵保得命，遂为废人。"《外证医案汇编》又曰："痰凝于肌肉，筋骨，骨空之处，无形可征，有血肉可以成脓，即为流疾"等，由此可见，中医学早就对骨病有较为全面的认识。

骨与关节结核为结核杆菌所致，结核杆菌分为人型、牛型、鸟型和鼠型四型，其中人型和牛型是人类结核病的主要致病菌，其临床症状亦相同。人型者多以呼吸道传染，而牛型结核杆菌多因饮用未消毒的牛奶而侵入人体，先引起肠系膜淋巴结核，而后再侵入骨或骨 膜内，形成骨与关节结核。常见于脊柱、肩、膝、踝、肘等负重大，活动多，容易发生劳损的骨与关节，以脊柱结核最多，其中又以腰椎结核为突出。长骨好发于长骨端，多累及骨骺，并扩展至关节腔。

（二）临床医案

陈某某，男，8 岁。1987 年 11 月 28 日就诊。

主诉：右踝疼痛 1 年，加重 3 天。

刻诊：患者于 1 年前出现右踝疼痛，未治疗，三天前淋雨后感右踝冰冷，隐隐作痛，休息后未缓解，遂至我院就诊。查体：右足踝部肿胀，压痛、叩痛明显，行走时疼痛加重，舌淡苔白。门诊摄 X 线片提示（图 47）：右踝部骨质破坏。收入住院治疗。

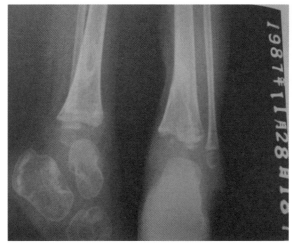

图 47

诊断：骨结核。

辨证：阳虚寒凝。

治法：温阳散寒。

外用：右踝外敷何氏 13 号抗痨散，隔日一换。

内服：予以中药汤剂阳和散加减温阳补血，散寒通滞，具体方药如下：

熟地黄 30 g、麻黄 1.5 g、鹿角胶 9 g、白芥子 6 g（炒，研）、肉桂 3 g、生甘草 3 g、炮姜炭 1.5 g

二诊：1987 年 12 月 3 日复诊，患者右踝疼痛明显缓解。查体：右踝皮色、皮温正常。局部压痛、叩痛明显好转。舌质淡红，苔薄白。脉沉。家属诉小孩之前因右踝疼痛，下地行走更甚，不愿下地行走，现感觉右踝疼痛明显缓解，已愿主动下地行走。告知家属及患者，治疗期间仍要扶拐行走，利于骨质修复。继续以温经散寒化痰补虚之剂治之，方用阳和汤；外敷抗痨散一号。

三诊：1988 年 2 月 3 日复诊，患者右踝疼痛继续缓解。查体：右踝皮色、皮温正常。局部压痛、叩痛继续好转。舌质淡红，苔薄白。脉沉。继续辨证内服阳和汤；外敷抗痨散一号。

四诊：1988 年 5 月 20 日复诊，患者右踝疼痛不明显。查体：右踝皮色、皮温正常。局部压痛、叩痛不明显。舌质淡红，苔薄白。脉平缓。右踝 DR 复片提示（图 48）：右踝关节破坏较前明显修复，关节间隙清晰。继续辨证内服阳和汤；外敷抗痨散一号。巩固治疗。

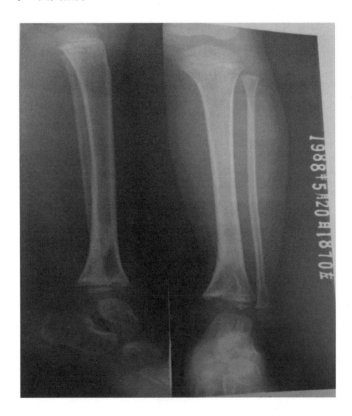

图 48

按语：

何天佐认为对骨和关节结核的治疗应标本兼顾。内治应辨证运用温化、扶托、补养、养潜四法治之。阴证未溃宜温补和阳，散寒通滞化痰；阳证未溃宜清热消炎解毒。有脓，已成熟或将成而未溃者，应扶正托里透脓。阴证已溃以补气养血为主，伤以开胃健脾，若阴虚火旺骨蒸劳热，宜养阴清热，兼盗汗者宜潜阳敛汗。阳证已溃宜清热解毒，同时补气血、养肝肾。

外治未溃以抗痨散外敷，温经散寒；根据病变局部面积大小，取适量药粉，以几滴白酒为引，用沸水调匀，待冷后外敷（用竹片或牛角药刀将药在病变局部涂上一层 2～3 mm 厚即可，上盖纱布或普通打字纸，以胶布粘贴或绷带包扎），隔日一换。已溃首先用纸搓捻，沾少许拔毒丹（鹰爪，守宫尾、白及、麝香，冰片等研炙）撒于疮口，有窦道者即将药捻插入窦道，并剪一小块红油膏（当归，白芷，象皮，紫草、血竭、甘草等同麻油，白蜡熬炙。用药刀于皮纸上摊贴 0.2～0.3 mm 厚备用）盖贴疮口，再以少许药棉（所贴油膏大小）置于油膏面上，其周围外敷抗痨散，每日一换。阴证宜和阳通滞，散寒化疾；阳证宜清热消炎，解毒祛痰。已溃在外敷药同时对窦道要插药捻引流，既能起到引药入内杀毒的作用，又可防止窦道闭塞，脓瘀无从而泄，反攻其内。

骨结核现在一般都在传染病医院或综合性医院治疗，以抗结核、手术治疗等方式来处理，很少有中医院能处理此等疾病。然何氏骨科对此类疾病的治疗有其独特的优势，辨证外敷内服中药，以及外用丹药的配合治疗。丹药的炼制与使用，几乎已成绝学，然何氏骨科仍传承着此等技术，传承发扬，继续为人民的健康保驾护航。

（整理：张华勇）

二十五、骨髓炎

（一）理论认识

骨髓炎是一种骨感染性疾病，主要因人体内的骨髓腔、骨皮质和骨膜受到细菌感染而引起，发病原因以创伤性和血源性多见，还有从附近软组织感染直接蔓延到骨。成人和儿童均可发生，男性多见，好发于四肢长骨的位置，尤以胫骨最多，股骨、肱骨、桡骨、尺骨、跖骨、指（趾）骨次之，脊柱亦偶有发生。按发病时间分类，骨髓炎分为急性骨髓炎和慢性骨髓炎两类，急性骨髓炎临床治疗以清除病灶和抗感染为主，慢性骨髓炎的治疗目前已经基本形成了选用敏感抗生素、彻底清创、消灭无效腔、创面覆盖的基本治疗原则。传统中医药治疗骨髓炎历史悠久，临床基本上以"消、托、补"作为治疗原则，从整体出发，辨证论治，以"清热解毒，扶正祛邪"为治疗大法，内治外治相结合，内宜补益正气，增强机体抵抗力，外宜祛邪生肌敛疮，快速祛除毒邪。

（二）临床医案

陈某，男，45 岁，1987 年 2 月 6 日就诊。

主诉：左髋疼痛流脓半年。

刻诊：患者于半年前感冒后出现左髋部疼痛，初起疼痛不堪，未予重视，未治疗。后逐渐出现左髋部疼痛加重，局部红肿发热，继而跛行，在当地诊所就诊，经外敷药物、针灸等治疗，疼痛仍不缓解，且较前加剧，并局部自行破溃，流脓，在当地医院治疗半月余，疮口不愈合，遂至我院就诊。既往 10 年前左髋曾患骨髓炎，治疗后痊愈，未再复发。现患者左髋部肿胀、疼痛，站立行走困难。查体：左髋部外侧肿胀，皮色不红，皮温略高，局部压痛明显，可见一窦道形成，挤压有白色脓液流出。DR 片提示（图 49）：慢性化脓性骨髓炎，左侧股骨粗隆下骨质破坏，并有骨质增生，较大死骨形成。

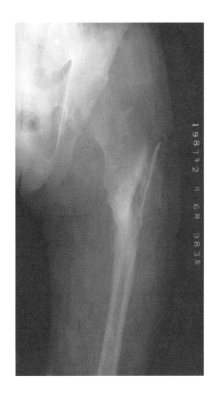

图 49

诊断：慢性骨髓炎。

辨证：正虚邪恋证。

治法：扶正祛邪。

外用：清洗溃面和窦道，以皮纸捻粘何氏特色丹药拔毒丹少许插入窦道，疮面撒少许拔毒丹，并以小块油膏盖贴捻头及管口，再以少许药棉（所贴油膏大小）置于盖贴的油膏面上，其周围外敷透骨拔毒散。

内服药物：八珍汤加减。

医嘱：

1. 嘱患者扶双拐活动，左下肢少负重，忌烟酒、肥甘厚味。

2. 定期换药，隔日一次。

二诊：1987 年 3 月 5 日复诊，连续治疗一月，患者左髋疼痛明显减轻，窦道脓液已明显减少，可扶拐步行。继续药捻插入窦道，周围外敷透骨拔毒散，注意药捻深度应逐渐变浅，有利于窦道闭合。

三诊：1987年4月20日复诊，患者左髋部无疼痛，疮面、窦道已愈合，左髋关节功能基本恢复，弃拐步行。

2004年6月1日因其他疾患来院检查时，复查左髋X线片提示（图50）：经治疗后，死骨已消失，骨质密度变均匀。

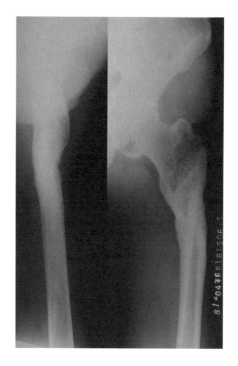

图 50

按语：

骨髓炎在传统中医称为"附骨痈""附骨疽""附骨流注"。《诸病源候论·附骨痈肿候》曰："附骨痈，亦由体盛热而当风取凉，风冷入于肌肉，与热气相搏，伏结近骨成痈，其状无头，但肿痛而阔，其皮薄泽，谓之附骨痈也"。《疮疡经验全书·附骨痈疽论》亦云："夫贴骨痈者，即附骨痈也，皆附骨贴肉而生，字虽殊而病则一，此病之发，盛暑身热，贼风入于骨节，与热相搏，复遇冷湿，或居劳太过，两足下水，或久卧湿地，身体虚弱而受寒邪，然风热伏结，壅遏附骨而成。"说明了痈疽与骨髓炎发病的关系。"骨疽"病名最早出现在战国时期的《五十二病方》中；至东晋时期陈延之《小品方》中明确提出"附骨疽"一名。记载有"附骨急疽，其痛处壮热，体中乍寒乍热。"详细阐述了慢性化脓性骨髓炎急性发作时疼痛处皮温升高，自觉身体忽冷忽热的发病特点。唐代王焘《外台秘要》曰："久疮不差，差而复发，骨从孔中出，名为骨疽。"生动形象描述了慢性化脓性骨髓炎反复迁延难愈，死骨从患者的体表窦道口排出的临床表现。

何天佐认为骨髓炎的发病有三个原因：热毒炽盛流注筋骨、损伤感染、正气亏损，并根据患者全身和局部表现出的症状辨证分为"阴证""阳证"，再根据疮口情况细分为"未溃""已溃"，从而辨证施治。他强调，治疗骨髓炎应注重标本兼顾，临床基本上以"消、托、补"作为治疗原则，主要采用"以局部外治为主、内服中药为辅，分型论治"的方法。正如《医学源流》所说："外科之法，最重外治"。对部分无明显全身症状的患者，仅用外治方法，即可获得理想的疗效。虽然将骨髓炎常见的一些症状分别归为阳阴二类，但由于发病的症状（包括全身的）表现复杂，同时因机体正气的强弱改变和治疗得当与否，病变又不断发展和变化，这样也就不会纯粹地表现出阴证或是阳证，常常是阴中有阳，阳中有阴，因此在辨证时要抓住症状中主要的一面，去分析属阴或属阳，在内治和外治用药上要标本兼顾，随症化裁，师其法而不泥其方。

对患者慢性骨髓炎的治疗，内服药物以补益、扶正祛邪为主，佐以开胃健脾，八珍汤加苍术、黄柏、丹皮、砂仁、谷芽等。外用药物重在拔毒、祛腐、消炎、提脓生肌。拔毒丹，方中鹰爪清热解毒，散结之功效；白及本为收敛止血，苦寒消肿之药，用治外伤出血、痈肿初起未溃或溃后久不收口；冰片辛香走窜，以清热消肿止痛、生肌止痒见长。药理研究证明，冰片局部应用感觉神经刺激很轻，而有某些止痛及温和的防腐作用；对多种致病菌有抑制作用；麝香辛散温通，芳香走窜之气甚烈，通经络，行十二经上下，透骨达髓，配伍白及、鹰爪、冰片，则可拔毒去腐提脓，治痈疽、骨痨破溃流脓。麝香能引诸药到达病所，使其功效更强，而加速了伤病的痊愈。

透骨拔毒散中生大黄清热泻火、凉血解毒，善治火毒疮疡；黄柏能清热燥湿，泻火解毒，为骨伤治红肿热痛之要药。药理研究证明，黄柏对细菌有抑制作用。

白芷辛温行散，善止痛又能消肿排脓，对疮肿初起脓未成者能消散，脓成者能溃破排脓，且能生肌长肉而祛腐生新，为治痈肿疮毒的常用药。药理研究表明，白芷对多种细菌有一定的抑制作用。紫花地丁有清热解毒、凉血消肿之功，为治痈肿疔毒之通用药，常用于痈疽疔毒等证初起红肿热痛者。现代药理研究亦证实了紫花地丁有清热、消炎、消肿等作用。大戟消肿散结，芫花除湿解毒，两者皆为毒药，有"以毒攻毒"之效。姜黄破血行气，通经止痛，药理研究表明姜黄素及挥发油部分对金黄色葡萄球菌有较好的抗菌作用。诸药合用，功能拔毒、提脓、消炎。

（整理：周跃辉）

二十六、股骨头骨骺骨软骨炎

（一）理论认识

骨骺骨软骨病临床常见有股骨头骨骺骨软骨病、胫骨结节骨软骨病、椎体骨骺骨软骨病、距骨头骨软骨病，足舟状骨骺骨软骨病等。

股骨头骨骺骨软骨炎，又称"股骨头骨骺骨软骨病""儿童股骨头缺血性坏死"，又称扁平髋、巨髋症或潘西（Leg-Calve-Perthes）病等，由此三位学者于1910年分别描述，简称Perther病。该病系股骨头血运障碍所致的股骨头骨骺部分或全部坏死，是一种自限性的病变。其自然病程约为2-3年，但当病变自然愈合后，坏死的股骨头往往遗留扁平状畸形，可导致髋关节负重和活动功能的障碍，甚至致残致畸。

本病随着病变继续进展，疼痛变为持续性。病儿跛行明显，臀肌及股部肌肉发生废用性萎缩，外展外旋受限、髋屈曲内翻，造成患肢相对变短。随着扁平髋的形成，肢体的绝对长度亦较健侧缩短。成年后导致早期产生骨关节炎。本病主要与外伤和血液循环障碍有关。发病年龄为 3 ~ 12 岁，以 4 ~ 8 岁多见，男多于女，多为单侧，少数双侧发病。近年来国内患者人数呈上升趋势。

西医对股骨头骨软骨炎的治疗分为非手术治疗和手术治疗。非手术治疗包括避免负重，各种矫形支具和传统的石膏固定、高压氧治疗等。手术治疗则包括滑膜切除术、血管植入术、开窗减压术、带肌蒂带血管蒂骨瓣移植术、包容手术等。

目前，本病发病原因尚未完全清楚。通常认为凡是能导致髋关节腔压力升高的因素，均可造成血管受压而危及股骨头骨骺的供血，比如暂时性滑膜炎，感染性关节炎，外伤性关节腔积血，血黏度的增高，内分泌异常以及影响滑液循环的伸展内旋等非生理性体位。可能与①慢性损伤；②损伤和炎症引起的髋关节液增多，使关节内压升高，影响股骨头血供；③股骨头骨骺的先天性缺陷等有关。病理改变主要是股骨头骨化中心的缺血性坏死，分为四期，每一期的病理变化在 X 线片上均有相应的表现。

一期缺血期：在正常情况下，骨化中心的骨细胞依赖血供以维持营养，血管必须穿过骺板才能到达骨化中心。当股骨头骨骺血供出现障碍而失去营养后，骨细胞和骨髓细胞即死亡，骨化中心停止生长，关节周围软组织水肿、充血、淋巴细胞和浆液细胞浸润（滑膜炎阶段）。而骨骺软骨的营养来自关节液，故能继续存活并生长，并较一般为厚，关节间隙相对增宽。此期可延续几个月至一年余，临床症状不显著，容易被忽视，此期又称为初期或早期；二期血供重建期：随着病变的继续发展，新生血管从周围组织长入坏死的骨化中心，坏死的骨质逐渐被吸收，替而代之的是新骨的逐渐形成，骨骺得以重新修复，此期可持续 1 ~ 4 年；治疗上此期极为重要，治疗及时，股骨头可完全恢复正常，若治疗不当，股骨头易发生畸形；三期愈合期：本病发展到一定时间，骨吸收可自动停止，继续骨沉积，直至纤维肉芽组织全部为新骨所代替；因新骨软而可塑，故畸形可继续加重；四期畸形残存期：成年后，由于体重的增加，或负重劳动，关节畸形将形成骨关节炎，畸形则永恒不变，此为晚期。

（二）临床医案

刘某，男，6 岁，于 1993 年 7 月 3 日就诊。

主诉：行走跛行 1 月。

刻诊：患儿家长于 1 月前发现患儿轻微跛行，诉左髋轻度疼痛，家长未予重视，未做处理。摄片提示：左侧股骨头骨软骨炎（图 51）。

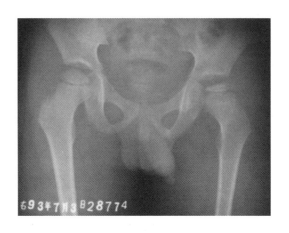

图 51

诊断：左侧股骨头骨软骨炎。

辨证：肾虚血瘀证。

治则：补肾壮骨止痛。

固定：使用下肢长腿钢丝托板外展内旋石膏管型或类似支具固定，下肢外展 40°～45°，内旋 10°～15°或无内旋，以期获得包容。佩戴支具后髋、膝关节可自主活动，这不仅有利于重塑和保持良好的活动范围，而且能促进关节滑液的流动，有利于软骨和滑膜的营养。支具佩戴时间为 6～18 个月，每 3～4 个月复查，直到 X 线片显示病变已达到骨化期。

外用：

1. 外擦杜五液，每日三次。

2. 左侧腹股沟区外敷壮骨抗劳散，周围外敷止痛壮骨散，隔日一次，每次保持 24 小时。

内服药物：口服止痛壮骨胶囊，每天 3 次，每次 2 粒。

医嘱：

1. 骨盆 DR 检查，提示：左侧股骨头骨骺稍变扁，骨骺密度不均匀，可见囊性改变。

2. 嘱患儿忌跑跳、剧烈活动，但不限制日常活动。

3. 1 月后复诊。

二诊 连续治疗1月后，患儿跛行明显缓解，左侧腹股沟处压痛不明显，左侧"4"字试验（–），左髋内旋、外展轻微受限。治疗3月后，患儿无跛行，活动时无疼痛，下蹲基本正常。查体：左侧腹股沟处压痛不明显，左侧"4"字试验（–），左髋关节活动自如。复片提示（图52）：与前片相比，左侧股骨头骨骺坏死区有修复，囊变范围缩小。

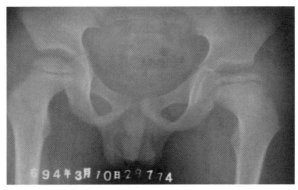

图52

按语：

何天佐认为股骨头骨软骨炎多因先天肝肾不足，髓海空虚，不能濡养筋骨，骨骼发育未成熟，而儿童喜动，过度运动、跳蹦，使髋关节受到多次反复劳损，造成局部气血受阻，经脉不通而发病。或因患其他疾病应用激素失当，而引起股骨头骨骺区骨质疏松，导致脉络阻塞，血液供应障碍，骨失营养所致。

在治疗上首先要严格控制患髋关节活动，避免重复损伤，特别是在早期应嘱患儿卧床休息，勿使患肢负重。要求维持股骨头于髋臼内，避免髋臼缘压迫股骨头，股骨头的关节软骨应均匀受压，并要减轻股骨头上的压力。必要时可用长夹板或石膏夹板将患髋维持在外展足内旋位。除上述治疗外，何氏骨科还采用了以行气活血化瘀、强筋壮骨为主的中药内服和局部外敷中药治疗，疗效较好。

此患儿考虑先天禀赋不足，肝肾精血亏虚，不能滋养骨骼。肾气未充，则气化无力，气血运行不畅，瘀血凝滞，经脉受阻，不通则痛，从而产生骨痛、跛行、肌肉萎缩症状，发为本病。肾虚血瘀是本病的病机，治疗当以补肾活血为原则。故以补肾壮骨的何氏壮骨抗劳散外敷腹股沟区，活血化瘀的止痛壮骨散外敷周围。

止痛壮骨胶囊中杜仲、枸杞、怀牛膝、桑寄生补肝肾、强筋骨，当归、三七、天麻养血活血、充实筋骨，加强了补肾活血之力。内服中药与外敷中药，共凑补肾壮骨、活血化瘀之功，肝肾益，气血行，则筋骨得以濡养。肾为先天之本，主骨生髓，骨的生长、发育、修复均依赖肾脏精气濡养，肾健则髓充，髓满则骨坚。现代医学表明，补肾活血的功效可促进细胞和机体的生长发育和骨代谢过程，有明显促进生长发育和钙化作用，可提高股骨头的密度、强度和刚性能，改善骨内微循环和骨小梁结构，从而达到治疗股骨头骨骺坏死的目的。

（整理：李先畔）

二十七、股骨头缺血性坏死

（一）理论认识

股骨头缺血性坏死，又称股骨头无菌性坏死，是一种由不同原因引起的股骨头供血减少、骨细胞变性导致骨的活性成分死亡的病理过程，也是一种常见骨科疾病。股骨头缺血性坏死起病缓慢，病程较长，临床难以治愈，容易发生股骨头塌陷，引起髋关节活动障碍。中医将本病归属于骨痹、骨痿、骨蚀等范畴，何天佐认为与肝、肾两脏关系最为密切，主要是由于肝肾不足，筋骨失养所致。"肝主筋，肾主骨"，而筋与骨两者又相互依赖。筋骨的强壮，均有赖于肾精的滋养和推动。肝肾不足可使风寒湿邪乘虚侵入，虚邪深入筋骨，寒凝千里，筋脉受阻，造成气滞血瘀，营卫不通，或外伤致机体气血不畅，股骨头周围静脉瘀滞，气血不能贯通，脉络不通，股骨头等失去正常气血温煦和濡养，而发生缺血性坏死。何氏治疗股骨头缺血性坏死历史悠久，独具特色，治疗以补益肝肾，舒筋通络为主。

（二）临床医案

黄某某，女，33岁，2015年8月7日就诊。

主诉：右髋疼痛半年。

刻诊：患者半年前感久行后右髋部酸痛，劳累加重，休息后缓解，伴腰膝酸软，夜尿频多，未治疗。后逐渐感右髋部疼痛加重，跛行，遂至我院就诊。现患者感右髋部疼痛，跛行，下蹲、盘腿、穿袜子等动作困难。查体：右髋腹股沟处压痛明显，右髋关节屈曲、内外旋活动部分受限，右侧"4"字试验（+），右下肢肌力、感觉、血运正常。舌质淡红，苔薄白，脉沉涩。DR 片提示（图 53）：右侧股骨头部形态变扁，软骨面欠规整，承重面外侧部轻度塌陷，头部骨质密度不均，软骨面下见不等低密度囊性破坏区。

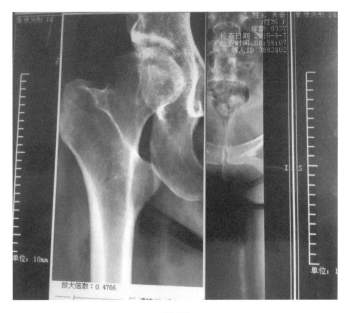

图 53

诊断：右侧股骨头缺血性坏死。

辨证：肾虚血瘀证。

治法：补肾活血、通络止痛。

手法：采用何氏十指推拿术，运用点揉、揉按、揉滚等手法梳理髋部及大腿肌肉，达到舒筋活血、通经活络、理气止痛的作用。

外用：右侧腹股沟区外敷壮骨抗劳散，周围外敷止痛壮骨散，隔日一次，每次保持 24 小时。外擦杜五液，每日 3 次。

内服药物：何氏止痛壮骨胶囊，每天 3 次，每次 4 粒。

医嘱：

1. 嘱患者扶双拐活动，忌烟酒、肥甘厚味。

2. 适度进行右下肢肌力锻炼，加强右髋、右膝屈伸锻炼。

二诊：2015 年 11 月 20 日复诊，患者自诉右髋部轻度疼痛，跛行明显改善，盘腿、穿袜子稍有不便。继续扶拐，右髋外敷壮骨抗劳散、止痛壮骨散，口服止痛壮骨胶囊，每天 3 次，每次 4 粒。

三诊：2016 年 1 月 18 日复诊，患者右髋部无疼痛，右髋关节功能基本恢复，弃拐步行，无跛行。复片提示（图 54）：右侧股骨头缺血性坏死，与 2015 年 8 月 7 日相比，病变控制，骨质有明显修复。

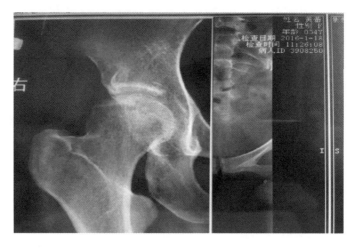

图 54

按语：

股骨头坏死是由多种原因引起股骨头血供中断或受损引起骨细胞及骨髓成分死亡和随后修复，继而导致股骨头结构改变、塌陷，关节功能障碍的疾病，一直是骨科常见且治疗困难的疾病。中医将股骨头坏死归属于"骨蚀""骨痹""骨痿"范畴。何天佐认为本病证属本虚标实，以肝肾亏虚为本，血瘀阻滞为标。血行脉中，主濡养润泽，亦靠肾精之补充，赖肾气之推动，若肾虚精亏气化失常，则充髓生骨能力不足，推动血行能力降低，以致髓枯骨痿，血行迟缓而瘀滞，股骨头失去气血润泽与濡养而坏死，成为股骨头坏死的内在根源。故以何氏壮骨抗劳散外敷腹股沟区补肾壮骨，何氏止痛壮骨散外敷周围活血化瘀，配合口服止痛壮骨胶囊加强补肝肾、强筋骨的作用。治疗的目标是显著改善股骨头坏死患者的髋关节功能，减轻症状，提高股骨头生存率，对于严重股骨头坏死能推迟首次髋关节置换的时间。

（整理：周跃辉）

二十八、肩周炎

（一）理论认识

肩周炎是肩部软组织的慢性非特异性炎症，以初起肩关节周围疼痛、活动受限，久之患肩肌肉萎缩，关节粘连为主要临床表现，又称为"漏肩风""露肩风""冻结肩""五十肩"，好发于50岁以上中老年人群，女性多于男性，具有自限性。病因尚不明确，临床上多认为该病与肩关节周围组织退变、无菌性炎症、创伤、感受风寒湿邪、慢性劳损有关，导致肩关节软组织粘连，限制肩关节各方向活动。根据病理过程分为急性期、粘连期、缓解期，整个病程大约持续1年。

古人云："风、寒、湿三气杂至，合而为痹也。"《中藏经·五痹》言："肾气内消，精气日衰，则邪气妄入。"中医医家认为，肩周炎可分为内外因，内因多为因肝肾不足和气血亏虚；外因为感受风寒湿邪侵袭肩部。寒主收引，湿邪重浊黏滞，故寒湿邪易导致气血运行不畅，夜间阳气相对衰弱，不能抵御阴邪，故患者往往出现白天疼痛症状轻，夜间疼痛加重。肝主筋，肾主骨，肝肾不足，又感受风寒湿邪，致气血不行，经络不通，发为痹症，骨痹则重，脉痹凝滞，筋痹则屈伸不利。

（二）临床病案

王某，女，52岁，1990年4月30日就诊。

主诉：右肩部疼痛伴活动受限3月。

刻诊：患者于3月前受凉后出现右肩部疼痛，呈冷痛感，夜间疼痛较重，白天活动后稍缓解，伴活动不利，梳头困难，无颈痛、手指麻木等不适。患者自行至当地诊所购买膏药外贴（具体不详）后未见明显缓解。遂至我院门诊就诊。自发病以来，神清，精神可，食纳一般，睡眠因夜间疼痛差，易痛醒。查体：右肩部轻度萎缩，皮色、皮温正常，右侧肩部前侧、后侧广泛压痛，肩关节活动度：外展40°，内收25°，前屈40°，后伸20°，外旋5°，内旋30°，右上肢肌力3+级，余侧肢体未见明显异常。摄X线片显示肩关节未见骨质异常。

诊断：右肩关节周围炎。

辨证：气血亏虚，寒湿凝滞。

治法：补益气血，温阳散寒。

手法：

采用何氏骨科十指推拿术治疗。

1. 患者取端坐位，医者以左手握住患者右腕关节，右手拇指与其余四指对向用力，从右肩部开始，自上而下，点揉拿捏上臂，前臂内外侧经络。点按曲池、合谷穴，施术1～2次，拉伸患肢中指，达到舒筋活络的目的。

2. 医者用小鱼际滚揉、切颤以及拇指与其余四指拿捏等手法施术于患侧肩前部及上肢内侧，反复数次，配合患肢外展、上举、外旋活动。

3. 医者站在患者患侧稍后，一手挟患肩，一手握住腕部或托住肘部，以肩关节为轴做环转运动，幅度由小到大。然后，一手托起前臂，使患侧肘屈曲，前臂内收，患侧手由健肩绕头顶、患肩、面前反复环绕数次。

4. 上肢被动后扳法：医者站在患者患侧稍前方，一手握住患侧腕部，以肩顶住患者患侧肩前部，握腕之手将患臂由前方扳向背后，逐渐用力使之后伸，反复数次。

每周3～4次，隔日1次。

外用：右肩骨性关节处外敷何氏3号肩舒散祛风散寒松解粘连，肩关节周围组织外敷何氏9号风湿痹痛散通络止痛，隔日一次。

内服药物：

查患者舌红，苔薄白，脉弦紧，予以中药汤剂加味黄芪桂枝五物汤加减，具体方药如下：

黄芪30g、当归20g、桂枝12g、白芍18g、炙甘草16g、威灵仙12g、羌活18g、穿山甲6g、防风12g、地龙12g、生姜两片

水煎服，每日1剂，每日3次。

导引：嘱患者适当行肩关节各方向活动，如"内外运旋""叉手托上""手指爬墙"，在疼痛能忍受的情况下完成上述动作，循序渐进，逐渐增加。

二诊：1990年5月15日复诊，诉肩关节疼痛明显好转，肩关节疼冷痛明显缓解，现觉肩关节呈胀痛、重感，睡眠明显好转。查体：肩部轻度萎缩，皮色、皮温正常，右侧肩部前侧、后侧压痛减轻，肩关节活动度：外展70°，内收35°，前屈60°，后伸30°，外旋30°，内旋60°，右上肢肌力4级。继续当前推拿手法和外敷药物方案。调整口服汤剂，具体方药如下：

当归 20 g、桂枝 12 g、白芍 18 g、炙甘草 8 g、羌活 18 g、柴胡 10 g、陈皮 12 g、川芎 12 g

共 3 剂，每日 1 剂，每日 3 次，水煎服。

导引：继续让患者行功能锻炼，早晚各 1 次，注意局部保暖。

三诊：1990 年 5 月 25 日复诊：肩关节疼痛、肩关节活动不利症状基本消失，偶有酸软感，食纳可，睡眠可，大小便正常。查体：右肩部肌容量较前有增加，皮色、皮温正常，肩关节无明显压痛，肩关节活动度：外展 85°，内收 40°，前屈 70°，后伸 50°，外旋 55°，内旋 50°，右上肢肌力 4 级。停推拿治疗及中药汤剂，最后行一次外敷中药，予以何氏 8 号壮骨抗劳散外敷整个肩关节及周围部位，强筋健骨。

嘱患者注意避免肩关节过度劳累，防止寒冷潮湿刺激，避免露肩，适当行肩关节功能锻炼，防止肩关节周围炎复发。随访至今，效果巩固。

按语：

该验案中，患者为中老年女性，肝肾亏虚，气血不足，不能濡养筋骨，正气虚，不能抵御外邪，故外感寒邪后肩部疼痛，寒为阴邪，易伤阳气，故身体失于温煦，肩部觉冷。寒邪凝滞，致气血运行不畅，淤血内生，经络不通，医家有云"不通则痛，不荣则痛"，气血亏虚、气血凝滞都易致疼痛；寒性收引，故经脉、筋骨拘急、屈伸不利。初诊时，即让患者行推拿治疗，其目的是疏通经络，行气活血。配合外敷药物祛风散寒，松解粘连，方用黄芪桂枝五物汤加减，不论是外敷方剂还是内服汤药，均有桂枝、羌活、当归这三味药，桂枝羌活均可解表散寒，其中桂枝可温通经脉，助阳化气；羌活解表散寒、祛风胜湿止痛，据研究表明，羌活具有解热镇痛、抗炎、抗凝血的功效，这与中医功效有异曲同工之妙。当归补血活血，散寒必将耗气，行气耗血，故何天佐认为，此患者本气血亏虚，祛风散寒的同时，应加用补血活血药物，使气血运行通畅。

《灵枢》记载"宗筋主束骨而利关节也"，肩周炎缓解期，外敷药物改为何氏 8 号外敷散，何老认为，患者体质本虚，肝肾不足，故筋骨不行，筋骨连缀关节，主导关节运动，后期外邪已散，当以匡扶正气为主，故外敷具有强筋骨功效的中药散剂。可见何氏骨科思想对疾病的不同阶段具有独特的见解，强调中医辨证思维。方中局部、整体均有兼顾，前期以驱邪为主，后期以补益为主，疗效满意。

何天佐认为，疼痛是骨科伤病的一个主要症状（神经损伤麻痹者除外）。患者因惧怕疼痛而不愿活动，或对导引的动作做不到位，不能达到锻炼目的。为此需要医师对症施以手法舒筋松解、按摩并对患部做必要对症、强制活动。肩周炎因肩周软组织广泛性粘连，肩关节功能受限，患肢活动即感肩部疼痛，若叫患者忍痛加大肩关节活动度，多数患者不会自愿去做，因此需要医师帮助。此法要以患者能承受（特别是老年体弱、骨质疏松和心血管疾病患者），且不会造成人为损伤为度。医师给患者做患肢肩关节被动活动手法时，应注意充分放松肌肉，用力适当，切忌操之过急，暴力手法容易致患肢肱骨外科颈骨折。

（整理：郭一贤）

二十九、颈椎病

（一）理论认识

颈椎病是指颈椎椎间盘退行性改变及其继发的相邻组织结构改变而产生的一系列复杂的症状和体征的疾病。近年来，随着生活节奏加快和工作压力的增大，颈椎病的患病率逐渐上升至 18% 以上，多发生于中年阶段，且趋向于年轻化。颈椎病已发展为"第二大顽疾"，其病机复杂，症状繁多，对人们的生活和工作造成非常大的困扰。

颈椎病的主要病因、病理有外伤、先天畸形、椎间盘变性、颈椎退变不稳、关节突和其他附件改变、脊神经根或脊髓受压等。危险因素多样，临床上根据颈椎病病变部位、范围、累及组织结构以及症状的不同，将颈椎病分为神经根型、脊髓型、椎动脉型、交感神经型以及混合型。其治疗的关注点往往集中在椎体、椎间盘，小关节及周围的韧带这些方面，忽视了颈椎周围肌肉对颈椎病的影响。何氏骨科认为，单纯分型不足以概括颈部甚而颈肩部、上肢部围绕颈椎病而产生的一系列症状，如颈中部脊椎区存在骨质疏松的问题，软骨、周围肌腱及韧带的变性，颈部的无菌性炎症等。脊椎区的两侧是项肌群，常因脊椎区的上述改变导致劳损、痉挛。这两个区域的下面即颈肩部，是肌群丰富、筋膜密布的区域，常因脊椎区的上述改变而导致肌筋膜发炎而疼痛严重，甚至影响到上肢麻木疼痛。

有学者认为，颈椎病是一个本虚标实的病症，实为感受风寒湿邪为外因，虚多为肝肾气血亏虚，劳损，外伤后所致等为内因。其发展由浅至深，筋病在先，不能约束骨骼，骨伤在后，故治疗上因先治其筋，后治其骨。何氏骨科认为，颈椎病为骨伤病变，秉承"骨伤手法治疗为先，骨病以药物治疗为主"的治疗原则，以手法为先，敷药为主，再根据颈椎病的类型，内服中药辨证治疗，同时叮嘱患者配合练功导引。针对颈椎病（无菌性骨关节病），何氏骨科认为应手法与药物并重。

（一）临床病案

患者杨某，男，46 岁，教师，1988 年 2 月 27 日就诊。

主诉：颈背部疼痛 3 天。

刻诊：患者于 3 天前受凉后出现颈背部疼痛，患者自行至当地诊所购买膏药外贴（具体不详）后未见明显缓解，渐感双上肢麻木疼痛，遂至我院门诊就诊。查体：颈部肌肉广泛肌紧张，颈椎椎旁及颈部肌肉、背部压痛，双侧臂丛牵拉试验（+），压颈试验（+），头部活动稍受限，无头晕、头痛，心慌等不适。拍摄颈部 X 线示颈部各椎体广泛增生退变，椎体生理曲线变直。

诊断：神经根颈椎病。

辨证：风寒痹阻。

治法：祛风散寒，温经通络。

手法：先行穴位揉按，患者采取坐位，术者立于患者后侧，用双手拇指末节指腹置于风池穴，中指末节指腹置于太阳穴，以腕带动拇中指作旋转点揉，继续用拇、中指腹点揉风府、大椎、天宗、肩井、肩俞等穴。大约揉按 5 分钟后，再行 10 分钟弹提舒筋，用双手拇指及其余四指末节指腹拿捏提弹项肌、胸锁乳突肌、斜方肌，并弹提舒筋，用双手拇指及其指末节指腹由轻到重，自上而下沿双侧胸锁乳突肌、项肌、斜方肌进行揉按。最后行端提定位旋转，嘱患者颈前屈 10° 左右，颈部肌肉放松，术者站于后侧，用双手拇指交叉置于病位棘，其余四指向前托住下颌端提并左右旋转患者头颈，在旋转到一定幅度（手感有阻力）时，随即再在一有控制的小幅度（10° 左右）的瞬间扳动，有的患者在此扳动时能听到弹响声。让患者颈部肌肉放松，再行拿法在患者颈部推拿 5 分钟。

外用：颈部脊柱区外敷何氏 5 号软坚散结，颈椎脊柱两旁的肌肉群外敷何氏 4 号止痛壮骨散，肩背部外敷何氏 9 号风湿痹痛散，隔日一次。

内服药物：

查患者舌红，苔薄白，脉弦紧，口服汤剂治疗以祛风散寒通络为主，方用桂枝汤加减：

桂枝 12 g、生姜 9 g、大枣 12 枚、炙甘草 6 g、当归 10 g、羌活 12 g

共 3 剂，每日 1 剂，1 日 3 次，水煎服。

二诊：1988 年 3 月 4 日复诊，患者自述颈背部不适较前明显好转，双上肢麻木明显好转，余未诉其他不适。查体：颈部肌肉无肌紧张，颈椎椎旁及颈部肌肉、背部无明显压痛，臂丛牵拉试验（+），压颈试验（±），舌红苔薄白，脉浮。嘱其原方续进 3 剂，继续外敷以上药物方案 3 次。

三诊：1988 年 3 月 11 日复诊。患者自述颈背部、肩部疼痛不明显，双上肢麻木症状消失，长时间伏案工作偶有颈肩部不适，休息可缓解，食纳、睡眠好转，余未诉其他不适。查体：颈部肌肉紧张减轻，颈椎椎旁及颈部肌肉、背部、肩部轻度压痛，臂丛牵拉试验（-），压颈试验（-），舌红苔薄白，脉象较前有力。嘱其原方续进 3 剂，继续外敷以上药物 3 次，以巩固疗效。

嘱患者平时工作时适当锻炼，锻炼处方如下：

1. 左顾右盼。患者双手叉腰，头部徐徐向左右转动，两眼看到肩峰为度，连续十余次。

2. 望天观地。双手交叉抱头，徐徐仰头望天，再缓缓低头看地，并可适当增加抗阻锻炼，如头颈前屈时，患者以手托抵颌部，头后伸时以手阻抗枕部，以增长颈部肌力和颈椎稳定性。

3. 环转颈部。患者头颈徐徐环转，幅度由小到大，左右交替，连续十余次。

按语：

颈椎病系指颈椎椎间盘退行改变、颈椎骨质增生以及颈部损伤等引起的颈脊柱内外平衡失调，刺激或压迫其周围的血管、神经、脊髓等邻近组织而产生的一系列复杂的症状和体征，又称为颈椎综合征。多见于 40 岁以上中老年人，男性多于女性。临床上仅有颈椎或颈椎椎间盘退行性改变，而无神经、血管症状者，不能诊断为颈椎病。

何天佐认为，从生物力学角度看，颈椎病是颈椎解剖位置改变与软组织水肿、粘连、痉挛互相影响，互为因果所致的疾病。外敷药物的治疗可减轻因手法刺激产生的充血、水肿，减轻对神经根、血管的刺激，又可以通过皮肤，渗透药力至肌肉、经络、骨骼，达到筋肉、骨骼、经络同治的目的。再加上口服汤剂辨证，纠正患者不良体位和生活习惯，引导患者适当行功能锻炼。以手法为主，不仅可以改善血运、舒通经络、消除肿胀、分离粘连、松解软组织痉挛，还可以通过整复颈椎关节解剖位置的改变，直接快速解除或减轻对血管、神经的刺激或压迫，这是其他治疗难以达到的效果。实现"骨伤手法治疗为先，骨病以药物治疗为主"的治疗原则，通过大量的临床治疗病例发现，此方法效果佳，预后良好，值得借鉴与推广。

（整理：郭一贤）

三十、膝骨关节炎

（一）理论认识

膝骨关节炎是以临床症状和关节组织变形为特征的一种退行性、慢性关节疾病，主要损害关节软骨，破坏关节组织，从而引起关节周围的疼痛、水肿和僵硬，影响关节功能。关节软骨以及软骨下骨的结构改变是膝骨关节炎的主要病理特点，在此基础上进一步形成骨赘，同时伴随不同程度的滑膜炎症、韧带纤维样变或钙化、膝关节关节囊肥大、半月板损伤等，关节周围的肌肉、神经、滑囊、脂肪垫等组织也会随之改变。膝关节作为人体大关节中最精密复杂的关节之一，由于其过度的使用和长期高压，使膝关节成为骨关节炎中最常见的类型。根据近年来相关流行病学研究显示，全世界约有85%的骨关节炎与膝骨关节炎有关，由于肥胖人口和老年人口的增加，在短短十年之间膝骨关节炎患者增长了近三分之一，骨性关节炎已经成为老年人重要的致残因素之一。目前我国的膝骨关节炎患病率已高达18%，这已经成为一个不容忽视的重要问题。膝骨关节炎患者的生活质量相较于正常健康人群有着明显的下降趋势，且膝骨关节炎的治疗周期长，花费较大，这也给患者及其家庭带来不小的经济负担。

何氏骨科将膝骨关节炎归类为骨病范畴。在骨病治疗上，何氏骨科强调药物治疗为主。由于骨病的病机多为肾气虚衰、肝不荣筋、长期劳损、血虚筋枯、风寒湿邪乘虚侵袭等，通过单纯的手法治疗并不能得到显著的疗效，必须配以药物外敷或内服。何氏骨科历代总结出许多治骨病的方剂，这些方剂治疗相应的骨病都获得十分明显的效果。

（二）临床病案

邹某，女，75岁，2014年08月10日就诊。

主诉：右膝疼痛2月，加重伴肿胀3天。

刻诊：患者于2月前无明显诱因出现右膝关节隐痛，未规律治疗。3天前，患者在外乘凉后感右膝关节疼痛加重，伴有肿胀，自行外擦药酒按摩后肿胀加重，并出现皮温升高。现至我院就诊。查体：右膝关节皮色正常，肿胀明显，皮温略高，压痛明显，挺髌试验（+），浮髌试验（+），屈伸活动明显受限。舌质淡，苔白，脉沉缓。右膝X线片（图55）提示：右膝关节诸骨骨质增生及疏松，关节间隙变窄，以髌骨后为主；关节面欠光整。髌上囊肿胀。

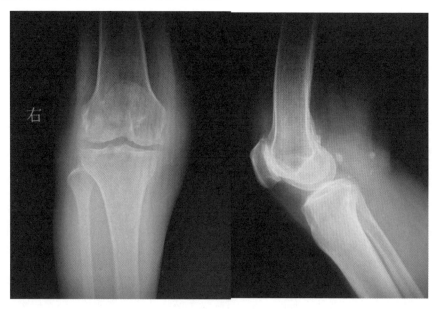

图55

诊断：1. 右膝骨关节炎；2. 右膝滑膜炎。

辨证：肝肾亏虚，寒湿痹阻，气滞血瘀。

治法：益肾通痹，散寒止痛，行气活血。

外用药物：外敷何氏逐阴散，隔日1次。

内服药物：何氏止痛壮骨胶囊，每日3次，每次4粒。

医嘱：注意休息，避免受凉，不宜久站、久行、爬山、上下楼梯等。

二诊：2014年8月17日复诊，患者右膝疼痛明显减轻，肿胀不明显，下蹲、上下楼梯时疼痛较明显。查体：右膝皮温不高，轻度压痛，浮髌试验（－），研磨试验（＋），屈伸活动尚可。外敷药物调整为膝关节间隙处外敷壮骨抗劳散，周围外敷止痛壮骨散，隔日一换。

三诊：2014年8月30日复诊，患者右膝疼痛消失，活动无受限，下蹲、上下楼梯轻微疼痛，稍许休息即缓解。查体：右膝皮温不高，压痛不明显，浮髌试验（－），研磨试验（±），屈伸活动尚可。

按语：

膝骨关节炎的临床症状以膝关节疼痛、肿胀、僵硬、活动不利为主，重者出现关节畸形、功能丧失，最终导致残疾，对患者的生活自理能力以及生活质量都带来严重危害，加重家庭和社会的生活经济压力。随着社会老龄化现象日趋严重，膝骨关节炎患者群体也越来越庞大，如何有效预防和治疗膝骨关节炎，是临床医生面临的一个重要课题。这对于减轻患者症状，提升患者生活质量有着重要意义，有助于增加家庭幸福感，缓解社会经济负担。

膝骨关节炎在中医范畴中归为"膝痹"，病位在膝，内因肝脾肾三脏亏损，经脉失养，气滞血瘀，外因风寒湿三邪入侵，痰湿痹阻关节，正气亏虚，无力驱邪外出，郁久于内而发病。膝痹病以脏腑亏损为本，寒湿阻滞为标，病性本虚标实，虚实夹杂。中医在膝骨关节炎的治疗中运用非常广泛，主要可以分为中药内治、中药外治、针灸和推拿四大类别，在临床上也可相互配合使用以增强疗效。国内外众多研究已经证实，中医治疗膝骨关节炎有着疗效好、安全性高、价格低廉等优点，在临床治疗中有着非常重要的地位。

止痛壮骨胶囊中杜仲、枸杞、怀牛膝、桑寄生补肝壮肾，强健筋骨，当归、三七、天麻养血活血，充实筋骨，是谓治本。何氏逐阴散药物组成中，草乌祛风除湿、温经散寒止痛；官桂、陈艾温经散寒止痛；当归活血散寒止痛；赤芍活血通经、散瘀止痛；川芎活血行气、祛风止痛；白芷祛风除湿、散寒止痛消肿；玉京（郁金）活血行气止痛；紫荆皮活血通经、消肿止痛，诸药合用，共奏搜风剔寒、通阳宣痹、活血止痛之功，是谓治标。诸药合用，扶正与驱邪相结合，标本兼治，以达补肾壮骨、散寒通痹的治疗目的。

一周后，患者滑膜炎症状消失，膝骨关节炎的因素占主导地位。患者年老体弱，肝肾不足，气血亏虚，肾主骨，肝主筋，肾虚无能主骨，肝虚无以养筋，则筋骨失养，不荣则痛。肝肾亏虚，温煦推动无力，久则必致气血瘀阻，筋脉凝滞。此时，中医辨证为肝肾亏虚，气滞血瘀，治法为补肾活血。故以补肾壮骨的何氏壮骨抗劳散外敷膝关节中央，活血化瘀的止痛壮骨散外敷周围，继续口服含有大量补肝肾药物的止痛壮骨胶囊中。补肾壮骨与活血化瘀相结合，内外同治，清补结合，则肝肾得健，气血得行，疼痛自去。

（整理：帅柔纤）

三十一、风湿性关节炎

（一）理论认识

风湿性关节炎是风湿热的表现之一。风湿热是一种常见的全身性结缔组织疾病，可累及心脏、关节、皮肤、浆膜及神经系统等处，多发生于小儿和青年人，是一种变态或过敏反应，可能与 A 组乙型溶血性链球感染有关，但并非链球菌直接感染的结果，有可能是溶血性链球菌感染后引发的一种自身免疫系统疾病。但风湿性关节炎局部炎症的程度与风湿性心脏病间并无明显关系。

中医学认为风湿性关节炎是人体因感受风寒湿邪而发生的一种慢性而又反复急性发作的关节炎疾病，主要表现为关节肿大、疼痛、屈伸不利等症状，归之为"历节风"。早在汉代张仲景就在《金遗要略》里提出"汗出入水中，热为湿郁，血虚风扰，风血相搏"等发病机制；指出以寒湿主的"病历节不可屈伸，疼痛，乌头汤主之"，以风湿为主的"头眩，短气，温温欲吐，桂枝芍药汤主之"等诊治方法。隋代巢元方在《诸病源候论·历节风候》中解释了"风历关节与血气相搏交攻故疼痛，血气虚则汗，风冷搏于筋，则不可屈伸"等症状。宋代陈言则认为本病"皆因风寒湿相搏而成，其痛如掣者寒多，肿满如脱者湿多，历节黄汗出者风多"（《三因极一病证方论》）。到了明代张景岳提出"历节风"即引痹之病，其临床特点是痛无定所。

（二）临床医案。

黄某，女，38 岁。2010 年 2 月 12 日初诊

主诉：四肢多关节疼痛 1 年。

刻诊：1 年前无明显原因出现四肢关节疼痛、发热，以双膝关节为甚，至成都市某三甲医院风湿免疫科就诊，诊断为：风湿性关节炎。经抗感染等治疗，症状有所好转，血清中抗链球菌溶血素"0"凝集效价恢复正常。但仍觉四肢关节疼痛，夜间痛甚，不能入睡，至私人诊所口服中药汤剂，症状未见明显改善，且有所加重。

症见：肩、肘、膝关节疼痛，夜间为甚，双膝关节肿胀，双膝浮髌实验（+），皮温稍高，皮色不红，面色苍白，体倦神疲，自汗，舌质红，苔薄白，少苔，脉濡细。

西医诊断：风湿性关节炎。

中医诊断：历节风。

辨证：气阴两虚证。

治法：补气养血、滋阴通络（内服）；养血调气、祛风止痛（外敷）。

中药汤剂生脉散加减，方药组成如下：

生地黄 15 g、当归 20 g、鸡血藤 20 g、麦冬 20 g、丹皮 20 g、桂枝 15 g、片姜黄 15 g、桑枝 15 g、地龙 15 g、白术 12 g、秦艽 12 g

7 剂，水煎服，每日 1 剂，每天三次。

外敷中药：双膝部外敷逐阴散，每次留药 24 小时，每周三次。

二诊：7 剂药后四肢关节疼痛有所减轻，尤其夜间疼痛减轻明显，双膝肿胀明显减退，感膝部发凉，受凉后双膝疼痛加重，能少睡，疲倦较前缓解，面色较前红润，汗出减少。上方加熟地黄 15 g，桑寄生 20 g，茯神 15 g。10 剂，服法同前。

外敷药物调整为逐阴散＋风湿痹痛散各半调匀外敷，每周三次。

三诊：1周后复诊，诉肩、肘疼痛消失，活动基本正常，双膝关节疼痛明显减轻，肿胀轻微，膝部凉感明显缓解，睡眠基本恢复正常，疲倦感明显减轻，偶有自汗。上方麦冬减为15 g。7剂，继续带药回家外敷逐阴散＋风湿痹痛散，每周三次。

四诊：1周后复诊，诉偶有膝关节酸痛，肩、肘关节无疼痛不适，睡眠正常，无疲倦自汗。停口服中药，带药逐阴散＋风湿痹痛散3次巩固疗效。其后患者未再复诊。

按语：

何氏骨科认为，中医治疗风湿性关节炎依旧遵循"外治之理亦内治之理"，除辨证内服中药汤剂外，也很重视外敷中药的运用，特别是对"痛痹""着痹"及病变局限于少数关节者，外敷中药直达病所，收效更速。四时之令皆能为邪，五脏之气各能受病。痹者闭而不通之谓也。正气为邪所阻，脏腑经络不能畅达，皆由气血亏损，腠理疏松，故而证多虚实夹杂。风、寒、湿三气乘虚而入，留滞于内，致湿痰、浊血流经凝涩而得之。故经曰"三气杂至，合而为痹"；又云"风胜则为行痹，寒胜则为痛痹，湿胜则为着痹"，并有骨痹、筋痹、脉痹、肌痹、皮痹之称。可知痹证之病，非偏受一气以致之，病证不同，治法异也。本患者根据舌脉及病情属气阴两虚，阴虚以肝阴虚为主，故治以咸苦滋阴，兼以益气通络为主。张景岳云："治痹之法只宜峻补真阴，宣通脉络，使气血得以流行，不得过用风燥等药，以再伤阴气。"张仲景云："经热则痹，络热则痿。脉中筋患，热入阴分血中，致下焦为甚，所谓上焦属气，下焦属血耳。"本患者治以补气养血、滋阴通络，外敷内服同治，故能药到病除，收效显著。

（整理：刘昌鹏）

川派中医药名家系列丛书　何天佐

学 术 思 想

一、何天佐学术生涯的启示和对传统中医骨伤科及流派的反思

1. 少数民族医学和中医及现代医学的融合

何氏骨科起源于蒙古族传统骨伤科。据《成都满蒙族志》《巴蜀史志》《成都少城史料》记载，何氏骨科由何氏先辈蒙古族特呼尔氏创立，迄今已有三百余年历史。何氏先辈因随军转战而广泛接触了满、汉族文化，逐渐融蒙、满、汉族传统骨伤科及其武学为一体，使何氏骨科在历代传承中不断丰富和发展。第五代传人何天佐，继承家学、潜心研究、融会贯通、探索创新，中西互补，内外相合，系统总结何氏骨科理论体系，将骨科疾病分为"骨伤病和先天骨疾患"三类，从中医学和西医学两个角度论述各类骨科疾病的病因病理、诊断辨证和治疗。认为骨伤是由外力（暴力）直接或间接作用所致；骨、关节劳损属骨病范畴；骨折可以是骨病的诱因。首诊的关键是"望、闻、问"三诊合一和精准"切、量"。诊断，重视局部，更重视整体；治疗，重视整体，更重视局部。外治为主，内治为辅。骨伤，手法治疗为先；骨病，药物治疗为主。治骨先治肉，治伤须重气。创立"治骨先治肉"理论，根据"骨肉系统"认识论，主张"骨肉并重"和先"肉"后"骨"的治疗程序，深化中医骨科学的整体观和辨证思想。以"损伤一证，固从血论，更当重气"的理论，发展了中医骨科学"损伤一证，专从血论"的传统学说。瞬间复位，联合外固定；拇指为主推拿，指针点穴。何氏骨科对整复有移位的骨折和关节脱位时，主张准确了解患处的解剖结构，骨折和脱位的方向，找准施力的着力点和方向。子骨找母骨，结合力学杠杆原理和骨折部位解剖关系，利用关节的功能活动化解肌肉阻碍复位的抗力，调动人体自身恢复平衡的动力以恢复机体的内平衡。运用巧力，精炼快捷，疾发疾收。应用中医药学理论和生物力学原理，以"三维坐标外固定力系""固定与药物治疗的同一性"等，提出中医骨科"联合外固定理论"，因形制具，辨伤选用外固定器材，实施"点受力为主，而又点面结合"的外固定，丰富了中医骨科外固定的研究领域。运用推拿术治疗骨伤骨病，何氏骨科以拇指操作为主，剑指作针，开合腧穴，十指灵活运用，不用肘臂、不用足踩、不倚器具施法。何氏骨科"挥手法"整复肩关节脱位，"夹脊振抖法"

治疗腰椎小关节紊乱，效如桴鼓。进而形成独具特色的何氏骨科理法方药和医疗实践体系，成为四川乃至全国著名中医骨科流派之一。

2. 坚持走传统中医道路

随着时代的发展，人们的生活水平日益提高，生活节奏也越来越快，对骨科相关疾病的诊治的效果及其疗程长短等各方面的要求也随之递增；加之医者或者医院为了追求更好的经济效益，一味地发展手术，导致诸多传统中医骨科流派逐渐西化，保留下来、传承下来的中医诊疗技术越来越少。而何氏骨科自立派以来，始终坚持走传统中医道路，虽诊病提倡"中西合参"，但治疗仍是讲就辨证论治、四诊合参，以外敷何氏中药散剂为主，辅以中医正骨手法、中成药制剂、中医汤药等传统的中医疗法及方药。在近一个世纪的岁月里，几代何氏骨科人不断潜心研究、融会贯通、探索创新，以"疗效才是硬道理"为宗旨，坚持中医辨证论治思路，不断地打磨诊疗技术和完善理论体系，才有如今面对诸多骨科相关疾病，亦能做到见效快、愈后佳，为传承传统中医、发扬传统中医奠定夯实的基础。

3. 传统中医骨伤科的反思

（1）对软组织损伤在传统中医骨伤科的认识与反思

软组织损伤现代有的著作又称伤筋。《中国骨伤科学》说："筋、骨缝损伤是骨伤科最常见的疾患，统为伤筋，代医为软组织损伤。"再忠等人引《灵枢·经脉》《素问·五脏生成》篇及王冰的注为论据，说明"在关节附近所附着的软组织，古人才叫做筋"。而"中医现在所谓的筋，是筋络、筋膜、筋腱、软骨的总称，概括了骨以外的皮、肉、筋等组织"。基于这种认识，再忠在所编的《中医骨伤科学》中，将这一篇仍名为"软组织损伤"。不管怎样称呼，所述的内容是相同的。

何氏骨科对此的看法不完全相同。首先，无论是"软组织"也好，还是现代所称的"筋"也好都是一个包罗十分广泛的概念。《中国医学百科全书》中，有关西医的《骨科学》，有关中医的《中医骨伤科学》等分册，都不将其作为词条收入。我们认为，在中医骨伤科学中，软组织应当是与"骨"相对应的概念，是指人体的皮肤、皮下组织、肌肉、肌腱、韧带、关节囊、滑膜囊、神经、血管等，甚至还包括应属于"骨"范畴的软骨等。

其次，"损伤"所指的范围不一致。在各家著作中，均将"劳损"划入"损伤"的范围，我们认为"劳损"是"骨病"的一部分。

因此，何天佐认为人体的皮肤、皮下组织、肌肉、肌腱、韧带、关节囊、滑膜囊、神经、血管软骨等，在受到一次性外力作用后所发生的功能或结构的异常，而未见骨的相对位置发生改变者，称为软组织损伤。

（2）对骨病的认识与反思

何氏骨科历经数代人不断的实践和探索，对于骨病的认识，既与上述中医骨病史一脉相承，又从骨病的病因、病机到骨病的诊断和论治，形成了系统的何氏骨科诊治骨病的理法、方、药特色。就骨病病机而言，如无菌性骨病，我们认为"劳损及退行性变"的病理过程，更能反映其病理变化机制；在骨病诊断时，"首辨阴阳"，以阴阳辨证为总纲，统率各类骨病之辨证，较之将诸种辨证方法不分纲目地运用，确能避免繁杂无序的弊端，更利于指导临床论治；而对于骨病的治疗，不仅始终贯穿"治骨先治肉""外治为主，内治为辅"等何氏骨科理论，而且强调"以阴阳调治为本""骨病药物治疗为主"，尤其是在骨病外用药中，我们注重合理运用毒性药物、相反药物和丹药等，对疑难骨病有着独特的疗效。

（3）对骨病外用药物中"毒药"的运用与反思

药物的"毒性"，从中医中药文献记载看，我们认为应有广义和狭义之分。《周礼》所谓："医师掌之政令，聚毒药以供医事"的"毒药"，张子和所说的"凡药皆有毒也，非止大毒药病，皆谓之毒"。这些都是广义的"毒"。显然，云毒药，实指药，也就是说，从广义而言，毒药是药物的总称。而《素问》说的"大毒治病，十去其六；常毒治病，十去其七；小毒治病，十去其八；无毒治病，十去其九"和《神农本草经》说的"若有毒宜制，当用相畏相杀者"的"毒"，正是《诸病源候论》说的"凡药物云有毒及大毒，皆能变乱，于人为害，亦能人"。与广义的"毒"不同，它是指药物对人体产生毒害作用而言，是毒的狭义概念。

古人将广义的"毒药"作为药物的总称，质由于药物治疗作用与毒性作用是相对的，也是密切相关的，在一定条件下二者可以相互转化。例如人参，《本经》将其列为上品，无毒，可"寿""耳明目"。若为此目的而长期服用并不断增大剂量，其果不仅不能达到"寿""耳明目"之目的，反而会引起中毒，甚至死亡，这方面的临床报道屡见不鲜。又如木通，本草学上并无毒性记载，常用量为 3～6 g，但一次用量达 60 g（关木通），即可导致急性肾衰竭。可见在一定条件下，无毒的药可以转化为有毒，有毒的药又可以转化为无毒，量变可以产生质变。

随着科学技术的发展特别是现代中药研究对中药性味功效认识的加深，我们不能停留于古人的模糊认识，应对药与毒这两个概念加以严格区分。药，指药效，即药物的治疗作用；毒，指毒性作用，这种作用有损于人体正气，即前面所说的狭义之毒药之所以产生治疗作用，必须以一定剂量为前提，产生治疗作用的剂量是人体可以承受的。用量一旦超出人体所能承受的最大剂量，无论其用药正确与否，即会产生毒害作用而出现中毒反应。故人体所能承受的最大治疗剂量就成为药与毒的分界线。对于这一点，何氏骨科在数百年实践中积累了丰富经验，在使用毒性药物治疗骨病时，除了按照常规用量之外，尤其注重按个体差异和具体病情确定其所能承受的最大治疗量，并根据毒性药物的特性，合理地炮制和配伍，从而化毒为利。并且，随着现代研究对药物作用机制认识的加深，特别是现代人体微循环研究的深入，已有研究证实药物透皮吸收不仅能保持血药浓度的有效与稳定，而且保持毒性最小。因皮肤具有相当的物理及化学屏障作用，故药物透皮吸收是逐渐进入人体内，血药浓度是一条介于毒性水平和最低有效水平之间的几乎与时间轴线相平行的直线，所以透皮给药时，药效好稳定且毒性最小。加之药物经皮吸收能避免胃肠的破坏和肝的首过效应，因此，较之内服给药，有时透皮给药的毒副作用几乎可以不计。因而何氏骨科外用毒性药物治疗骨病时，又常常酌情大剂量给药，获得常规用药难以得到的治疗效果。

（4）中医骨科首诊检查的认识与反思

中医骨科首诊检查，主要包括中医学望、闻、问、切四诊合参，西医学的查体和理化、实验室检查等。

在过去无影像学、无化验及实验室检查手段时期，中医骨科依靠四诊合参诊断骨伤骨病，并且经历代总结和发展而独立成科。但是，随着人类文明的进步，科学技术的发展，人类对人体、疾病认识水平的不断提高，患者对医师要求及维权意识的提高，本着以人为本，更精、更细地诊断骨科疾病，以利治疗和用药，笔者认为骨科临床医师应当与时俱进，在四诊合参基础上，对某一些骨科疾病，如类风湿、强直性脊柱炎、痛风、肿瘤、风湿、胸腹部脏器损伤、血气胸、脊柱及关节骨折、韧带损伤、血管神经损伤、椎间盘突出或膨出等，要合理应用影像（X线摄片、CT、MRI、骨扫描、B超）学，检验、实验室检查及关节镜检查等，不断提高诊疗技术。

但是，对一般能明确诊断和能及时处理的骨科疾病，也无需烦琐的检查，尽量避免造成患者时间和经济的浪费。譬如，肩关节或肘关节闭合性脱位，或是四肢闭合性骨折，只要不是老年或者患有严重心血管疾病者，往往需要的是医生给予及时复位和解除痛苦，而不是按部就班地检查。因此，笔者推崇先贤孙思邈所云：一望知病乃神医。"望"乃四诊之首，"一望知病"强调的正是临床医师应根据病情实施快捷的检查和准确的判断。笔者迄今从事骨科临床诊疗工作四十六年，业已诊治数十万骨伤骨病患者，除少数危重和需影像、理化、关节镜及实验室检查配合确诊的患者之外，一般最注重的是简明检查、快捷诊断、及时治疗。

（5）习用本草

中医骨伤科历来重视用药。《周礼·天官》记疡医"凡疗疡，以五毒攻之，以五气养之，以五脏药疗之，以五味节之。凡药以酸养骨，以辛养筋，以咸养脉，以苦养气，以甘养肉，以滑养窍。凡有疡者，受其药焉"。说明早在周代，用药就是治疡（包括骨伤病在内）的大法。到了汉代，已经广泛采用药水冲洗感染创口治痈疽。《五十二病方》中有"稍（消）石直（置）温汤中，以酒痛"的记载。消石即芒硝，主要成分是硫酸钠，用芒硝水冲洗创口有消炎杀菌作用。还知道外用水银治外科感染，这是世界上较早记载应用水银配方治外科感染的文献。到东汉中期，郑玄说："今医方有五毒之药，作之，合黄，置石胆、丹砂、雄黄、矾石、磁石其中，烧之三日三夜，其烟上著，以鸡翎扫取之以注创，恶肉破骨则尽出。"说明当时已会用化学药物治损伤了。东汉成书的《神农本草经》记载药物365种，言明能主治创伤折跌强筋，治金创死肌者有40种，治痈疽药有50多种，治各种痹痛、腰痛者的药达60多种，由此可以了解当时骨伤科用药的水平。

三国至南北朝时期，随着南方的开发，檀香、丁香、琥珀、茅根、蒲黄、栝楼根、苏木、接骨木、沉香、薤白、乳香、穿山甲、大蓟、红花、丁公藤、刘寄奴等药物用于骨伤科临床，丰富了骨科的药物疗法。

到唐代《新修本草》颁行，不少外来药物已为民间采用。常用于骨伤科的密陀僧、麒麟竭、硇砂、郁金、安息香、薄荷、云薹等，都是《唐本草》开始收载的。

宋代寇宗奭说"药有酸、咸、甘、苦、辛五味，寒、热、温、凉四气"，并补充北齐徐之才十剂为"宣、通、补、泻、轻、重、滑、涩、燥、温、寒、热"十二种；张元素著《医学启源》提出引经报使药；李东垣讲升降浮沉；明代缪希雍讲药性指归、五脏苦欲补泻、审时用药等；徐大椿详论药性变迁、药性专长、用药如用兵等用药理论；李时珍的药物分类；清代石寿棠用药大要等，都对我国药物学的发展，做出了贡献，指导了骨伤科临床用药实践

何氏骨科历来重视药物的治疗作用，认为历代用药经验概括起来的主要论点，是"用药如用兵"论。明代徐大椿在《医学源流论》中说："圣人所以全民生也，五谷为养，五果为助，五畜为益，五菜为充，而毒药则以之攻邪。故虽甘草人参，误用致害，皆毒药之类也古人好服食者，必生奇疾，犹之好战，胜者必有其殃。是故兵之设也以除暴，不得已而后兴；药之设也以疗疾，亦不得已而后用，其道同也。故病之为患者，小则耗精，大则伤命，隐然一敌国也。以草木偏胜，攻脏腑之偏胜，必能知彼知己，多方以制之，而后无丧身殒命之忧。是故传经之邪，而先夺其未至，则所以断敌之要道也。横暴之疾，而急保其未病，则所以守我之岩疆也。挟宿食而病者，先除其食，则敌之资粮已焚；合旧疾而发者，必防其并则敌之内应既绝。辨经络而无泛用之药，此之谓向导之师；因寒热而有反用之方，此之谓行间之术。一病而分治之，则用寡可以胜众，使前后不相救，而势自衰；数病而合治之，则并力捣其中坚，使离散无所统，而众悉溃。病方进，则不治其太甚，固守元气，所以老师病方衰，则必穷其所之，更益精锐，所以捣其穴。若夫虚邪之体，攻不可过，本和平之药，而以峻药补之，衰敝之日，不可穷民力也；实邪之伤，攻不可缓，用峻厉之药，而以常药和之。富强之国，可以振威武也。然而选材必当，器械必良，克期不愆，布陈有方，此又不可更什数也。孙武子十三篇，治病之法尽之矣"。我们认为将用药比作用兵，很形象化，给人启迪良多。

用兵之道在于既要知彼，又要知己。辨证的目的，就是要知彼，论治则在很大程度上取决于知己。知己的方面很多，知兵是最重要的一面。也就是说，药物的性味、归经、升降沉浮、引经报使、伍用宜忌等，都是医者需要重点掌握的。

历代本草均有专著，朝廷还组织力量编修药典，都说明了对药物的重视。何氏骨科历来重视药物在整个治疗过程中的作用，对不少药物做过较深入的探索，我们叫作"知兵方能用兵"。

二、论"重视有形之血更重视无形之气"中的"气、血本质"

1. "气血辨证"缘起及影响

骨伤科素有"损伤一证，专从血论"之说。清代张璐说："损伤一证，专从血论，但各必须分瘀血停积与失血过多之症。盖打扑堕坠，皮不破而内损者，必有瘀血。"《医宗金鉴》和《伤科补要》等书都引述了这一论点。清末唐容川著《血证论》，更使人觉得损伤只能从血论治。

何氏骨科认为："应重视有形之血，更应重视无形之气。"换言之，"从气论治"才是损伤治疗大法。以下从临床实践、理论基础、学术渊源、相关学科成就、实验研究成果等五方面加以阐述。

明代刘宗厚曰："损伤一证，专从血论。"明万历年间（公元 1573—1620 年）李梴在《医学入门》中又作了论述："损伤专主血论，非如六淫七情在气在血之分。"明末陈文治也说："凡治跌扑迷闷，颠扑损伤，大法固以血之或瘀或失，分虚实而为补泻。"对李梴、陈文治的观点，近世附会颇多，然若勤于思考、博求古训就会发现："从气论治"的论述也不少。蔺道人说"便生血气，以接骨耳"，强调了气血并重。明代方隅认为："人以气为本，一息不运则机缄穷；一毫不续穷壤判。阴阳之所以升降者气也，血脉之所以流行者气也；脏腑之所以相生想养者，亦此气也。盛则盈，衰则虚，顺则平，逆则病。全此所以为然也。……子和云，诸痛借生于气也，诸病皆因于气。诚哉斯言。……夫人身之血气，精神之所依附者，并行而不悖，循环而无端，以成生生息息运用也。血者依附气之所行也，气行则血行，气止则血止。……气与血附而不移，阴与阳合而既济，否则气离其血，则气出无返，有为脉脱之症。……血离其气，则血瘀积而不流。治法主意：血由气所依，气由血所附，活血之症，必先治其气可也。"赵献可更进一步强调气的重要性，在气血的治疗方面，亦以气为主。他说："古人善体易义，治血必先理气，血脱益气，故有补血不用四物汤之论。如血虚发热，立补血汤一方，以黄芪一两为君，当归四钱为臣，气药多而血药少，使阳生阴长。又如失血暴甚欲脱者，以独参汤顿服，纯用气药。斯时也，有形之血，不能促生，几微之气，所当急固；使无形生出有形，盖阴阳之妙，原根于无也。"异远真人说："夫跌打损伤，气血不流行，……治宜及早"。因而他主张用行气活血散瘀法治疗。薛己对跌打损伤或骨折后瘀痛的辨证论治，基本上以气血学说、脏腑学说为理论依据，分别以补气养血活血等方法治疗。沈金鳌说："跌打闪挫，卒然身受，由外及内，气血俱病也。……忽然闪挫，必气为之震，震则激，激则壅，壅则气之周流一身者，急因所壅而凝集一处，是气失其所以为气矣，气运乎血，血本随气以周流，气凝则血亦凝矣。气凝何处，则血凝何处矣，夫至气滞血瘀，则作肿作痛，诸变百出。……其治之法，亦必于经络脏腑中间求之，而为之行气，为之行血。"（《杂病源流犀烛》卷三十）

《内经》言："为刺之要，气至而有效，效之信，若风之吹云，明乎若见苍天。"明代针灸学家杨继洲说："下针若得气来速，则易愈，而效亦速也。若气来迟，则病难愈，而有不治之忧。"又说："轻浮、滑虚、慢迟，入针之后值此三者，乃真气未到；沉重、涩滞、紧实，入针后值此三者，是正气已来。""气之未至，或进或退，或按或提，导之引之，候气至穴，而方行补泻。""宁失其时，勿失其气，近气不失，远气乃来。"可以说历代针灸诸家手法，均以气字立论，如运气法、提气法、中气法、留气法等，无不重气字。盖针灸手法，皆为调节所用。俗话有"千金难买针下气"之说。

子午流注是古人根据人体气血流注脏腑经络的日、时开穴规律，配合天干、地支、阴阳、五行、五俞穴联合组成的一种逐日按时开穴治病的方法。《素问·八正神明论》说："凡刺之法，必候日月星辰四时八正之气，气定，乃刺之。""先知日之寒温，月之虚盛，以候气之浮沉，而调于身。"《灵枢·卫气行》说："谨候其时，病可与期，失时反候者百病不治"。故曰："刺实者，刺其来也；刺虚者，刺其去也。此言气存亡之时，以候虚实而刺之。是故谨候气之所在而刺之，是谓逢时。病在于三阳，必候其气于阳而刺之，病在于三阴，必候其气在阴分刺之。"

说明子午流注针法，亦是从气论治之大法。

内科各症，从气论治亦为大法。以痰症而论，方隅在《医林绳墨·痰》中说："痰因气滞，宜以行气为要，痰生于脾胃，宜以实脾行湿，痰随气结，宜以理气清痰，痰郁于肺肝，宜以开郁行气。"可见治痰先治气，气行则痰自消之理十分重要。又如郁证，李用粹在《论治汇补·郁证》中说："郁病虽多，皆因气不周流，法当顺气为先"。

妇科各证，对气亦是十分重视。方约之说："妇人以血为海，……每多忧思忿怒，郁气居多。书云气行则血行，气止则血止，忧思过度则气结，气结则血亦结。又云气顺则血顺，气逆则血逆。"故尔经带病亦需从气论治。傅山说："妇人有经水忽来忽断，时痛时止，寒热往来者，人以为血之凝也，谁知是肝气不舒乎？"故以需从气论治。

2. 如何"辨气"和"辨血"

气与血是不可分割的两部分，历代文献中总是将两者相提并论。《灵枢·决气篇》："精、气、津、液、血、脉为一气耳"，《难经·二十二难》云"气主煦之，血主濡之"，就形象地说明了气在人体内无所不至。如果气不至，则精、津、液、血均不能化生。在"气"与"血"的关系上，前贤亦多论述。宋·杨仁斋《直指附遗方论》说："盖气为血帅也，气行则血行，气止则血止，气温则血滑，气寒则血凝，气有一息之不运，则血亦有一息之不行。"这"气为血帅"四字，显示了气血关系中"气"的主导作用。清·唐容川指出："夫载气者，血也，而运血者，气也。人之生也，全赖乎气，血脱而气不脱，虽危犹生。一线之气不绝，则血可徐生复还其故，血未伤而气先脱，虽安必死。"也提示了"气"在气血关系中的主导作用。

中医气学说的理论基础源于《周易》。这部中国文化巨著，理深意博，是自然科学的胚基，多种学科的渊薮。中医药学的许多基础理论，皆源于《周易》，医理源于易理，医易一脉相承。何氏骨科从《周易》对气的论述中探本溯源，认识气与血的关系。

《庄子·知此游篇》说："人之生，气之聚也，聚则为生，散则为死，故曰通天下一气耳。"《管子·心术》曰："气者，身之充也。"《周易》太极图蕴含着气一元论的原理。太极的圆圈表示宇宙造化之始，混沌元气胎始于一，一指元气，乃天地万物化生的共同本源，元气运动则生化，元气统一于太极。以后黄老之学，在老子道学的基础上创立了气一元论，溯其源，《周易》是气一元论的本源。中医学充分接受了《周易》及黄老之学的气一元理论，并和医学密切结合，成为有自己特色的中医气学说，贯穿于中医的生理病理和治疗中。它认为："气是人体生命活动的根本"；又指出"宗气为营卫之气及胸中清气所组成，功能为鼓血运、司呼吸、运言语"。《灵枢·刺节真邪篇》云："宗气留于海，其下者，注于气街，其上者，走于息道"，这不仅说明宗气对人体血行、呼吸、言语的重大作用；且说明气的活动过程是气化。人的生理、病理、治疗过程就是气化过程。《素问·天元纪大论》说："太虚寥廓，肇基化元，万物资始，五运终天"，《易·系辞》曰："乾知大始，坤化成物"，均说明有了正常气化，人体生命活动才能维持。这些充分说明气作为生命活动的主要体现，它在病理、生理，甚至整个生命活动中都具有主导作用。自然应毫无例外地在气血运行中起主导作用。中医理论巨著《内经》充分吸收了气一元论的观点，为中医理论的形成和发展起到了有力的推动作用。

《内经》对气一元论作了重要的发展，把气与人体医学相结合，充分应用气来解释中医学的生理、病理及诊治，创立了有特色的中医气学说。气一元论在中医学中已由哲学观念上升为中医的重要基础理论。

近代著名理论家对此理论观点更为鲜明。印会河在《中医基础理论》中将气和血的关系概括为四方面，即气能生血、气能行血、气能摄血和血为气之母（指血是气的载体，并给气以充分的营养），同样说明了气血关系中气的主导作用。秦伯未总结了前贤的论述，将气血关系归纳为"气和血并重，更把气作为血的统帅，这是中医生理上的一种认识方法"，"《内经》说气主煦之，血主濡之，就是说明二者是绝对不能分离的。假使气受到生理上环境上的刺激，无论情志方面的喜、怒、哀、乐，气候方面的冷、热，以及工作方面的劳、逸，都会影响到血。因此，前人特别重视气，称为'气为血帅'，又说'百病皆生于气'。一般来说，血分病当用血分药治疗，但还有理气活血、行气逐瘀、血脱益气等治疗方法，这是因为气行则血行，气滞则血滞，要使血液循环正常，先使气机舒畅；要使淤血排除，先使气分通利；有出血不止的症候，还能用补气药来帮助收摄；严重的贫血症，根据阳生则阴长的道理，同样需要用补气药来加速恢复"。可见，"重视有形之血，更重视无形之气"有着深厚的理论基础。

3. 气血辨证实际应用

骨科临床检查不仅包括一般的物理、化学检查，还应特别重视"气"。古云："气伤痛，形伤肿"。虽然多数骨伤病都是肿痛兼备，气形俱伤，但具体到某一病证，常有不同。单肿不痛者少，单痛不肿者就多些，说明气伤比形伤更为广泛。通过对患者的阵痛、持续痛、剧痛、隐痛、锐痛、钝痛、刺痛、跳痛、按压痛、活动痛、牵引痛、放射痛等的仔细分辨，从而探知气伤的状况。综合各方面的检查结果，得出确切的诊断。

有人主张新伤不用手法治疗，认为新伤采用手法会加剧损伤，导致严重的内出血，使肿痛加剧，延长疗程，影响愈合；有人则主张新伤应及早运用手法，使血回故道、筋回槽，患者方可早日康复。事实上这两种主张都有正确的一面，又都有不足的地方。新伤若采用不恰当的治疗手法，强烈刺激患部，确实会加重内出血，使肿痛更剧，影响愈合；而不用手法治疗，使患部保持损伤时的原状，在许多病例中同样会延长疗程。何氏骨科在手法治疗中重视"气"，认为手法的首要作用在于使"气"通畅条达。这样的手法，无论在损伤的初期，还是中后期，无论是骨伤还是骨病，都不会因手法而妨碍疗效，只会因恰当手法的使用而提高疗效。

对初期、中期和后期损伤，对各种骨病的不同时期，在不同主治和用途的各种方剂，应当重视气分药的使用。例如当归辛甘温润，以甘温和血，辛温散寒，它既补血、养血，又能柔肝益阴，活血止痛，是骨伤科养血活血的常用药。在使用当归时，常配伍气药川芎。川芎辛温香窜，走而不守，能上行巅顶，下达血海，外彻皮毛，旁通四肢，为血中之气药。当归以养血为主，川芎以行气为最，故二药配伍，气血兼顾，养血行气，活血散瘀，止痛功效亦增强。桃仁、红花、苏木为破血行瘀、消肿止痛药，在骨伤科中应用极为广泛，临床常用青皮与之配伍，依靠青皮疏肝破气、沉降下行之峻力，大大加强了桃仁、红花、苏木破血行瘀，消肿止痛的能力。下元虚冷、风寒湿外邪入侵，是许多腰腿痛病的原因，临床常用杜仲、续断、芦巴子、补骨脂治疗，何氏骨科常配伍陈皮、牛膝，加强宣导下行之力，引药直达病所，提高了疗效。如一些名方，随证选加气分药后，疗效也有大幅提高。复元活血汤是李东垣《医学发明》中的一首方剂，用柴胡为君，当归、甘草为臣，穿山甲、栝蒌根、桃仁、红花为佐，大黄为使，原是治疗从高堕下、恶血流于胁下、痛不可忍的常用方剂。临床上可随证增用元胡、香附理气止痛，枳壳、陈皮行气宽中，对多种损伤的初期，胁下瘀紫肿胀、不得太息、痛不可忍者均有良好的治疗作用。没药降圣丹为太平惠民和剂局方，由没药、当归、白芍、骨碎补、川乌头、自然铜、生地黄、川芎组成，治打扑伤损、筋断骨折、挛急疼痛、不能屈伸，配伍青皮、陈皮破气导瘀，配伍元胡、小茴理气散寒，对多种骨折和软组织损伤的中后期均有良好的治疗作用。血府逐瘀汤是王清任在《医林改错》中介绍的活血化瘀的名方，由当归、川芎、桃仁、红花、赤芍、生地、柴胡、桔梗、枳壳、牛膝、甘草共 11 味组成。配伍郁金、乌药治胸胁部损伤瘀积；减柴胡、桔梗、牛膝，加香附、乳香、桂枝治上肢损伤；减柴胡、桔梗，加元胡、沉香、大腹皮治下肢损伤，都有确切而又显著的疗效。事实证明了"从气论治"是骨伤科治疗大法。

在运用小夹板外固定治疗中，尤应重视气的通常与滞塞。若从固定的稳定度来看，则约束力越大越好，但是以损伤的修复、患肢的正常生理功能的恢复而言，则约束力越小越好。最恰当的约束力，当是随各种内外因素变化的稳定度和正常生理功能均为最佳值的约束力，也就是中医所说的能保证"气"通畅周流的最小压夹力。这个力不是一成不变，随着损伤部位不同，患肢周径大小、年龄、肌弹性好坏和压垫使用数目、形状、大小、厚薄等许多因素的不同而变化。损伤部位肌肉菲薄，附近有重要的血管、神经、临近关节等，压夹力都应适当减小，反之，压夹力增大；患肢周径越大，压夹力也应增大；年老之人气血运行差，故压夹力应减小，年轻人压夹力可加大；肌弹性好者，压夹力可增大，反之压夹力应减小；压垫使用数目越少，形状越复杂，面积越小、越厚，都要得要减小压夹力。总之，病生百端，变化无穷，在固定上以不变应万变的是气之通畅与否。只要气机通畅，紧也不为过；气机不通畅，松也会影响，有时根本不能做外固定，还须开窗减压。只有重视了气，才能做到外固定适宜。

治疗的过程，是一个变化的过程、渐进的过程，每一次的诊治，都会遇到气的问题，只有对气的补泻、升降、调和同等重视，时时把握气机，才能提高疗效。

应用现代科学知识和方法对中医气行血、气摄血、气生血理论开展深入的实验和临床研究，为气一元论的科学内涵提供了依据。

对 200 余例各类气虚者分别观察其左心室功能、血流变、血小板功能等变化，结果表明不同气虚者证可有不同程度的血瘀改变。如心气虚时 PEP/LVET 比值为 0.43，明显大于正常值 0.34，表明心气不足而血运行无力，以致左心排血量下降，同时尚有全血黏度增高。心气虚、肺气虚、脾气虚、肾气虚患者血小板聚集及黏附率明显大于正常，说明气为血之帅，当气虚时帅血运行无力，可导致不同程度的血瘀。

应用 STI 及漂浮导管证实黄芪党参注射液可使心搏量、心排量及血排比明显增加，说明益气能更好地帅血运行。

党参及黄芪注射液具有明显抑制血小板聚集的作用。电镜观察到参芪对气虚血瘀的冠心病患者已聚集的血小板有明显解聚作用。对血小板伪足形成及微密颗粒释放具有抑制作用。提示气为血帅，益气有活血抗凝之功效。

对肝郁气滞的高血压患者的研究结果表明肝郁气滞可以导致血脉痹阻，表现为甲皱微循环，血小板超微结构，血小板凝聚率皆有异常，提示血瘀的存在，疏肝理气治疗后，可使聚集的血小板解聚和微循环得到改善。

用马利兰灌胃造成小鼠的骨髓抑制，模拟造血伤口，以此动物观察补益肾气的大菟丝子饮对造血干细胞的影响，结果大菟丝子饮可以使多向性造血干细胞、粒系祖细胞、红系祖细胞的数量皆有明显的增加，说明补气确有生血之功。

用党参黄芪治疗气虚血溢病患者，在口服参芪膏两周后，用血栓弹力图观察凝血机制的动态变化，结果表面参芪膏有明显的摄血止血功效。γ 值（反应时间）从 6.94 ± 3.0 减至 4.18 ± 1.31 分，γ + K 值（相当于试管内凝血时间）从 16.13 ± 5.72 减至 10.94 ± 3.82 分，m 值（血栓最大凝固时间）从 50.32 ± 12.60 分减至 37.39 ± 9.40 分，用药前后相比皆有显著差异，$P < 0.05$，患者出血症状也明显好转，有效率 81.8%。证实益气确有摄血止血功效。

视网膜静脉阻塞是眼科常见的血管瘀塞性疾病，主要表现是眼底出血，应用益气活血为主进行辨证论治，疗效优于尿激酶治疗的对照组。加用党参黄芪等益气药后一方面视力提高，出血吸收；另一方面，血液的高凝和纤溶低下状态，皆获得明显改善。

这些研究证实了传统的"气为血帅"和何氏骨科"重视有形之血，更重视无形之气"理论的科学性。

三、何天佐关于骨与肉的理论研究

在传统中医骨科"就骨治骨"之说的影响下，有的医家在治疗骨伤骨病时，偏重甚至单纯考虑骨的病变，忽视了周围相关的软组织的治疗。何天佐于 1988 年 5 月在中国人民解放军总后勤部卫生部举办的"全军骨伤推拿按摩专业组成立大会暨首届学术交流会"上，首次提出了"治骨先治肉"理论，将何氏骨科关于软组织在治疗骨伤骨病中的重要作用的历代实践经验，上升为理论探讨。"治骨先治肉"理论，在拓宽传统的"骨""肉"概念之外延的同时，不仅强调了先"肉"后"骨"的这一治疗的有序性，而且强调应注重软组织治疗，旨在体现 "肉主骨从"的中医整体治疗思想。

1. 治骨先治肉的理论基础

中医学的理论体系是在长期的临床实践中逐步形成的，它来源于实践，反过来又指导实践。这一独特理论体系有两个基本特点，其中一个就是整体观念。整体就是统一性和完整性。中医学非常重视人体本身的统一性、完整性及其与自然界的相互关系。它认为人体是一个有机整体，构成人体的各个组成部分之间，在结构上不可分割，功能上相互协调、相互为用，病理上相互影响。同时也认识到人体与自然环境的密切关系。人类在能动地适应自然和改造自然的斗争中，维持着机体的正常生命活动。这种内外环境的统一性、机体自身整体性的思想，称之为整体观念，它贯穿到中医生理、病理、诊法、辨证、治疗等各个方面。就人而言，人体是由若干脏器和组织、器官所组成的。各个脏器、组织或器官，都有着各自不同的功能，这些不同的功能又都是整体活动的一个组成部分，决定了机体的整体统一性。因而在生理上相互联系，以维持其生理活动上的协调平衡，在病理上则相互影响。人体正常生理活动一方面要靠各脏腑组织发挥自己的功能，另一方面又要靠脏腑间相辅相成的协同作用和相反相成的制约作用，才能维持生理平衡。每个脏腑各有不同的功能，又有整体活动下的分工合作，这就是人体局部与整体的统一。而且，在分析病证的病理机制时，也首先着眼于整体，着眼于局部病变和与之直接相关的脏腑、经络，又不忽视病变之脏腑经络对其他脏腑经络产生的影响。在诊断疾病时，可以通过外在变化，了解和判断内脏的病变，在治疗局部病变时，也须从整体出发，才能采取适当的治疗措施。这些，就是中医的整体观念。

"治骨先治肉"就是中医整体观念在骨伤科学理论中的具体体现。"骨"和"肉"既然是构成人体的两个组成部分，是运动器系内相对应的两方面，那么它们就和别的组成部分一样，在结构上紧密联系，在功能上相互协调、相互为用，病理上相互影响。"骨"的一切变化，都和"肉"紧密关连，而"骨"和"肉"在人体的位置、功能、营养供给、协调作用诸方面，又远较其他脏器密切。《内经·经脉》："骨为干，脉为营，筋为刚，肉为墙"，这就是说骨骼是身体的主干，血脉的濡养，可以保证营养物质供给，筋性刚劲而坚韧，有约束骨骼的功能，肌肉对筋骨和内脏还有保护作用。《素问·痿论》："宗筋主束骨而利机关也"，说明筋还有统属关节活动的作用。如果脉、筋、肉，即我们所言的广义的"肉"恢复了正常生理功能，那么"骨"的问题也就迎刃而解了。

阴阳学说和五行学说，是我国古代用以认识自然和理解自然的一种宇宙观和方法论，具有唯物论和辩证法的思想内涵，其渗透并应用于中医学领域，成为中医学基础理论的重要组成部分。《素问·阴阳应象大论》："阴阳者，天地之道也，万物之纲纪，变化之父母，生杀之本始，神明之府也"，说明阴阳是自然界发展、运动的规律，是归纳一切事物的工具，是变化的基础，是生长和衰亡的本源，是宇宙间各种现象的根基。既然阴阳能说明宇宙间事物发展运动的规律，所以它也必然能指导医疗实践，而成为中医的理论基础。《素问·阴阳离合论》："阴阳者，数之可十，推之可百，数之可千，推之可万；万之大，不可胜数，然其要一也。"说明一切事物变化的要领，就在阴阳间对立统一的关系中，因此，我们在谈"治骨先治肉"时，这"骨"与"肉"也应包括在阴阳范畴之内。《素问·金匮真言论》："夫言人之阴阳，则外为阳，内为阴。""骨"与"肉"相比较则是"肉"在外为阳，"骨"在内为阴。《素问·生气通天论》："阴平阳秘，精神乃治"，我们主张"治骨先治肉"，就是强调从阴阳两方面着手来达到"阴平阳秘"。虽言先后，实则同样都要治，这和一般"见骨治骨"有所不同。

五行学说是以五种物质的功能属性为代表来归类事物的属性，并以五者之间相互资生、相互制约的关系来论述和推演事物之间的相互关系及其复杂的运动变化规律。历代医家为了说明人体内外的整体性和复杂性，亦把人体脏腑组织、生理活动、病理现象等与五行做了广泛的联系，如在行为水，在脏为肾，在体为骨；在行为木，在脏为肝，在体为筋；在行为土，在脏为脾，在体为肉。五行学说的基本规律是生克、制化、胜复、乘侮规律，这些对指导医疗实践很有意义，例如肾脏有病，当然可以直接从肾脏着手治疗，但实践证明这样做有时难于奏效、并不理想。这是因为水脏失常，就会通过相生关系影响到"生我"的金脏和"我生"的木脏，还会通过相克关系，影响到"我克"的火脏和"克我"的土脏。这时如果从他脏着手治疗，往往就能很快治好，恢复五行间的动态平衡，故黄元御在《四圣心源》中说："水性降润（'骨'失其常），渗之以土气（调整'肉'），则水不过润（'骨'恢复正常），皆气化自然之妙也（这是各脏器间相互联系、制约所形成的特殊效果）"，所以，"治骨先治肉"是以阴阳学说和五行学说为指导而确立的骨伤骨病治疗大法，有坚实的理论基础。

藏象学说，是中医理论体系的重要组成部分，是研究人体各个脏腑的生理功能、病理变化及其相互关系的学说。按照藏象理论，肌肉、四肢属脾，脾主运化，系将饮食水谷消化吸收成为精微物质，并将其运输布散至全身，脾的运化功能可以分为运化水谷和运化水湿两个方面。运化水谷即是饮食物的消化吸收与人体的消化功能，和脾、胃、小肠等脏腑都有关，例如胃对饮食物的腐熟加工，小肠的泌别清浊，使清浊分离各走其道。但中医脏象学说的特点是以五脏为中心，因此，无论从生理角度还是病理角度看，脾都是消化系统的主要脏器。故饮食物进入人体内后，必须依赖脾的运化，才能将水谷转化成精微物质。同样也靠脾的运输、转送功能，方可将水谷精微布散全身，使各脏腑组织器官得到充分的营养，借以维持正常的生理功能。运化水湿是指脾对水液的吸收、传输、布散和排泄作用，说明了脾在调节水液代谢、维持体液平衡中所起的重要作用。脾又统血，即脾能统摄、控制血液，使之正常地在脉内循行而不溢出脉外。此外，脾主肌肉、四肢说明了脾与肌肉的内在联系，指脾能维持肌肉正常的功能。而脾之所以能维持肌肉的正常功能，是和脾的运化功能分不开的，脾主运化水谷精微和津液以化生气血，并将其输送到全身各处肌肉之中去，以供应肌肉的营养，保持肌肉活动的充足能量使肌肉发达丰满、壮实有力。四肢也需要脾气输送水谷精微，以维持正常生理活动。所以脾气健运，精微四布，输送到四肢的营养物质充足，则四肢活动轻劲有力。反之，则四肢无力，活动困难。

当骨因某因素造成疾患时，特别需要脾为之输布水谷精微，使骨得到充分营养；特别需要脾调节水液代谢，维持体液平衡；特别需要脾统摄，控制血液，使之正常地在脉内循行而不溢出脉外。治"骨"先治"肉"正是从以上几个方面强调了脾在骨疾患中的重要作用，强调了借后天（脾）以补先天（肾）的治疗作用。（请注意，脏象学说是以脏来总括有关腑、组织、器官的）。

筋在脏象中属肝。肝脏的主要生理功能为疏泄，具有舒展、畅达、宣散、流通、排泄等综合生理功能。人体是一有机整体，时刻都在进行着各种复杂的物质代谢，而一切物质转化，均是在气机的"升降出入"运动中完成的。肝主疏泄，调畅气机，使气的升降出入运动正常，对各脏腑的功能活动及气血、水液的正常运行，发挥着重要的调节作用。肝又主藏血，对人体血液有贮藏和调节血量的功能。由于肝对血液有贮藏调节作用，所以人体各部分的生理活动，皆与肝有密切关系。由于肝主筋，与运动有关，因此又有肝为"罴极之本"的说法，"罴极"即能耐受疲劳之意。人的运动能力，究其根本是属于筋，但筋的能量来源是肝。肝为藏血之脏，阴血充足，肝濡养经筋，则运动就不知疲劳，所以说肝为人体运动能力的发源地。

当骨因某因素造成疾患时，特别需要肝为之调畅气机，疏泄壅遏的气血，恢复各脏腑的正常功能活动；特别需要肝调节血量以充分营养患疾之脏器；更特别需要肝发挥人体运动能力发源地的作用，恢复其运动功能。治"骨"先治"肉"，正是从这些意义上强调了骨疾患中肝的重要作用。

2. 如何理解先治"肉"的意义

"骨"与"肉"的概念，早在《内经》中就有所记述。《灵枢·经脉》："骨为干"，就是指的骨性坚强，能支持形体，为人身的支架，即指的是全身的骨骼。"肉"即指肌肉，系司全身运动之组织。《素问·痿论》："脾主身之肌肉"，就是指的这种"肉"。可见这两个概念，是早就使用也十分明确的。然而何氏骨科将自己的理论特色之一归纳为治"骨"先治"肉"，这时的"骨"和"肉"已不是前面所谈到的概念，而是加以开拓且广泛得多的概念。是将"骨"和"肉"作为相对应的两个方面来看待的，与平常所说的"骨肉相连""亲同骨肉"等的意义相近，即是广义的"骨"与"肉"。我们认为广义的骨与肉的概念至少应包括以下几方面。

（1）骨指全身的骨骼，有如上述。

（2）骨空。两骨间的空隙部位称"骨空"。《素问·骨空论》："臂骨空在臂阳，去踝四寸两骨之间"，骨髓腔称骨空。《灵枢·五癃津液别》："五谷之津液，和而为膏者，内渗于骨空"；关节腔也是骨空。《素问·骨空论》："骨行骨空，在辅骨之上端"。骨空，也包括在我们所谈的广义的"骨"范围之内。

（3）骨解。骨与骨间相关节部位，大的称为腔，小的称为缝，亦称骨解，《灵枢·九针》："八风伤人，内舍于骨解腰背节腠理之间为深痹也。"骨解，也包括在我们所谈的广义的"骨"范围内。

（4）肌肉是司全身运动的组织。《素问·痿论》："脾主身之肌肉"，就是指人体的这部分组织，和普通所言肌肉的概念基本一致。

（5）筋。附于骨节的叫筋，包于肌腱外的叫筋膜。《灵枢·经脉》："筋为刚"，《素问·痿论》："肝主身之筋膜。"这里所谈的"筋"与"筋膜"包括在我们所谈的广义的"肉"里。

（6）经脉、络脉、经别。经脉是气血运动的主要通道，是经络系统中直行的主要干线。《灵枢·海论》："……经脉者，内属于腑藏，外络于肢节。"经脉是人体气血运行的通道，由经脉分出网络全身各个部位的分支称为络脉。《灵枢·经脉》："经脉十二者，伏行分肉之间，深而不见……诸脉之浮而常见者，皆络脉也"。经别是经脉另行别出而循行在身体较深部的分支，它在十二经脉的阴阳经之间离合出入，作为经络中途联系的通路。经脉、络脉、经别，即整个的经络系统，也包括在我们所谈的广义的"肉"内。

（7）气。气是形成宇宙万物最根本的物质实体，是人体一切组织活动的营养所系，又是一切组织器官的机能活力。《灵枢·决气》："精、气、津、液、血、脉为一气耳。"《难经》："气者，人之根本也，根绝则其叶枯也。"我们所谈的广义的"肉",也包含了部分气的内容。

（8）血。血是由饮食精微所化生而循行于脉管中的液体。《灵枢·决气篇》："中焦受气取汁,变化而赤,是谓血",血也包括在我们所谈的广义的"肉"里。

"治骨先治肉",就是说,在处理骨伤骨病,特别是骨折、脱位之类的骨损伤疾患时,不要只考虑骨的问题,更要考虑气血运行等问题,这些问题处理好了,骨脱位的复位、骨折的整复、骨的固定、骨的修复、骨关节的功能活动等等,所有这些就都比较容易处理好。软组织损伤,不言而喻更应当考虑软组织本身及其气血问题。骨病的治疗,不能单纯地"见骨治骨",而应从气血运行、周围肌筋膜有无炎变、水肿,与该骨有关的各力系的平衡与否,周围组织的感染及罹患情况等,综合考虑,重视并解决好这些问题,骨病治疗才会收到好的效果。

3. 治骨先治肉对临床指导作用

骨伤是骨伤科疾患的主要内容,换言之,骨折、脱位、软组织损伤的治疗,是骨伤科诊疗工作的主要部分。骨伤的致伤机理,是暴力侵犯人体,超过了机体的负荷限度而造成了"肉"与"骨"的组织破坏,由于系外力的作用,因而损伤必然表现为由外及内,由"肉"及"骨"的过程。也就是说,当外力较小,或外力的作用主要未作用在骨上时,"骨"可能没有损伤而"肉"则有损伤（软组织损伤就是这种情况）。而当外力较大或外力主要作用在骨上时,"骨"可能就会有损伤,而这时,首当其冲承受外力的"肉",已先于"骨"受到了比骨更厉害的损伤（各种骨折和脱位就是这种情况）。所有的损伤,毫无例外地都是这样。因此,我们在考虑治疗时,当然也就得把"肉"的治疗放在十分重要的位置上。"治骨先治肉"治疗理论的提出,也是基于何氏骨科对骨伤的致伤机理的深刻认识。

按照生物力学的观点,"骨"与"肉"有着完全不同的生物力学性质。"骨"和"肉"的力学性质,主要为强度（断裂时的最大应力）和刚度（对变形的抵抗）。采用材料力学的加载测试法,可以很好地了解这些性能。载荷按给定的方式加在材料上,可测得材料的形变并绘出载荷变形曲线,从而确定其结构的强度和刚度。如果我们将相同单位元的骨与肉做实验并绘出载荷—变形曲线,大约可以得到一张这样的应力–应变图（图56）。从图中可以看出,"肉"的强度和

刚度都大大低于"骨"，即在相同载荷的相同情况作用下，"肉"所遭到的损
害和破坏也大大多于"骨"

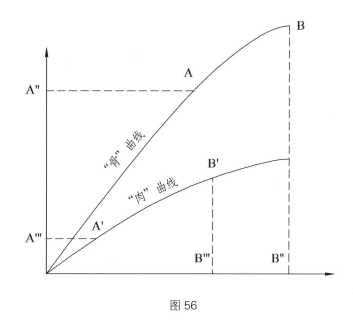

图 56

在正常生理情况下，骨所承受的绝大部分生理载荷是肌肉的牵拉力（约
99.7％以上）。体重的载荷不足肌力的 0.3％。肌肉对骨所形成的牵引力可分为
横向载荷与纵向载荷两种。它们常常受四种因素的影响：①肌肉牵拉点和方向；
②肌肉对骨的附着点是以点的方式还是面的方式；③各组肌肉的相对能量；④正
常情况下肌肉的定时收缩。当人体遭受暴力，正常生理情况被破坏时，肌的牵拉
力可能是骨折、脱位应力的一部分，并必然是移位应力的一部分，是维持移位的
主要应力。脱位的复位，骨折的整复，就必须克服这些应力。

骨折在发生过程中，还有一个加载速度问题。加载速度越快，骨骼达到破坏
时所贮存的能量就越多。加载速度具有临床意义，它可影响骨折类型及骨折处软
组织损伤的程度。骨折时，骨骼贮存的能量释放，在低速时，能量可通过一线的
裂纹而释放，骨与软组织破坏较轻，骨折没有或稍有移位。而在高速度受载时，
较多的贮存能量不可能通过一条裂隙快速释放，从而发生粉碎性骨折和软组织严
重损伤，有的还伴有严重移位。根据骨折时能量的释放，可分为低能量、高能量

和极高能量骨折三类。不论哪种情况骨折，都会对软组织造成破坏和损害。脱位时，软组织也会有类似的破坏和损害。通过以上三方面可以看到，由于"骨"和"肉"的生物力学特性决定，应当"治骨先治肉"。

从生物力学可以知道，当肌肉力的作用线位于某一基本平面时，可将肌肉力分解为稳固分量和转动分量，稳固分量能加强复位固定的稳定性，在一定条件下能增加骨断面的压力以加速骨折愈合。因此，在骨折愈合过程中，应设法增大肌肉力的稳固分量，肌肉的转动分量在肢体运动中有重要作用，但在骨折复位固定后是一个使骨断面产生移位的不利因素，所以在骨折临床愈合以前，应尽量减少肌肉的转动分量，但在骨折的功能恢复过程中，则要尽量发挥肌肉的转动分量，促进关节的自主运动。肌肉与肌肉之间有肌间隔。肌间隔作为一个"液态样结构"，由弹性筋膜包绕，动态载荷使固定容积的间隔发生变形，引起筋膜变化。当这些间隔由夹板等外约束力限制时，肌肉可以产生位移直至充满所有间隙。当这些间隙被充满后，由于肌肉外的约束力是固定的，故肌肉变得僵硬而不能活动。肌肉在负重下的这种机制在骨折和软组织尚未愈合的早期阶段十分重要。因骨折块之间是松动的，骨痂形成前，必须依靠软组织的支持，由一定的外固定支持下的肌肉间隔，通过迅速的动态负荷，起到一个"不可压缩液体"的作用，引起组织体积的固定，控制骨折块的移动，为肢体提供支持并防止其进一步遭受损伤。肌肉的这些生物力学效应，也说明了"治骨先治肉"是骨伤科疾患的治疗大法。

中医治疗骨科疾病，药物治疗是一大特点，其中尤其以外治法最为突出。以中医骨伤科现存最早专著《仙授理伤续断秘方》而论，全书共载方45首，外用方即达11首。朝鲜金礼蒙所编《医方类聚》收我国北宋《圣惠方》中伤折方共162首，其中外用方达58首，占三分之一。说明骨伤科药物治疗的外用方药在整个药物治疗中占有举足轻重的地位。不难理解，外用药的经皮给药途径，就必然会让药物通过"肉"作用于"骨"。

其次，骨伤科疾患用药的同时，也和中医其他科一样，不外是补偏救弊、补虚泻实、调节阴阳，以期恢复正常的生理平衡，《素问·阴阳应象大论》："故因其轻而扬之，因其中而减之，因其衰而彰之。形不足者，温之以气；精不足者，补之以味；其高者，因而越之；其下者，引而竭之；中满者，泻之于内；其有邪者，渍形以为汗；其在皮者，汗而发之；其剽悍者，按而收之；其实者，散而泻之，审其阴阳，以别柔刚。阳病治阴，阴病治阳，定其血气，各守其方，血实者宜决之，气虚宜掣引之"；《素问·至真要大论》："寒者热之，热者寒之，微者逆之，甚者从之，坚者削之，客者除之，劳者温之，结者散之，留者攻之，燥者濡之，急者缓之，散者收之，逸者行之，惊者平之，上之，下之，摩之，浴之，薄之，劫之，开之，发之，适事为故"就是这个意思。按照现代医学观点，治疗骨伤科疾患，就是要用药物改善患部的微循环状况，恢复正常的生理机能，这些都主要是属"肉"这方面作用，所以药物治疗，也得把"肉"的治疗放在重要位置上。

另外，我们在临床实践中也体会到，骨折，单纯用接骨药疗效差，而配伍治"肉"的药物，如行气、活血、消肿、化瘀、续筋等药物，治疗效果就好。在损伤初期，我们甚至不用接骨药，也有很好的接骨效果。历代先贤也有我们这样的体会，蔺道人在《仙授理伤续断秘方》中说"凡伤重者，未服损药，先服气药，如匀气散之类"，说明早在唐代，我们的前辈已对此有所了解。

综观以上三方面，就药物治疗作用来看，"治骨先治肉"也是骨伤科治疗中的大法。

骨折移位、关节错缝、脱位的方向和程度，除与外力方向、大小及作用于人体的部位有关外，更主要是因外力破坏了人体某部的结构，致使人体内部结构平衡失调。人体内除少数小块状骨外，骨没有不附着肌肉的，具有拮抗肌群的起止点的骨骼和肌肉，在未受伤时处于协调平衡状态，肢体的运动由神经支配，通过肌肉的协调放松、收缩来带动骨骼运动使各肌肉处于拮抗平衡，骨折后在骨折段上仅有一部分肌肉的起止，而又多是单方面作用的肌肉，因此骨折后，远折段的肌肉牵拉力是骨折移位和整复后再移位的重要因素。另外，肢体骨折后，远折段的重力也是造成移位和整复后再移位的原因之一。医者在施手法整复时，目的是给骨折部或脱位关节一个外力，使之恢复人体的内在平衡，而所施这一外力并非机械地给以一个与造成骨折移位或关节错缝、脱位的方向相反、大小相等、作用于同一部位的外力。人是一个有生命的机体，通过神经中枢，既有应急反应，又有对平衡变异的自身修复能力。医者所施手法的目的，在于如何调动人体自身恢复平衡的动力，为患者创造条件，充分发挥患者的主观能动性。有的骨折病员，经医生、助手复位几次不能成功，甚至造成人为的肌肉撕裂，血管、神经损伤，有的病员在 X 光下复位后，因固定不好，复诊时又移位，几次整复给病员造成极大的痛苦，同时延误了骨折愈合时间，特别是关节内和近关节的骨折还容易遗留肢体功能障碍和强直，因此在整复时首先要解决阻碍骨折复位的肌肉抗力，如股骨髁上骨折，远折端因腓肠肌牵拉向下、后方移位，如果不先考虑屈膝放松腓肠肌的张力，将是无法靠手牵引复位的。股骨颈骨折的角度用力、拉旋推挤复位法，腰椎小关节紊乱的夹脊振抖复位法等都是何氏骨科的治疗手法，后文有详细介绍，都是先肉后骨的治疗手法，所以说："治骨先治肉"在临床实践中有重要指导作用。

如前所述，骨病的治疗若从"见骨治骨"着手，并非能收到满意的效果。我们认为，骨病为"骨伤、劳损、六淫为病，正气虚衰、瘀、痰或兼而有之"，因而在治疗骨病时，多从气血运行，与该骨有关的各力系的平衡与否以及周围软组织的感染及罹患情况等方面考虑。对于骨髓炎，无论是阴证还是阳证，脓已成还是未成，脓已溃还是未溃，我们均强调以外治为主，内治为辅，尤其是对无明显全身症状的患者，往往可以专用外治收功。外治经皮给药，药物通过"肉"作用于"骨"，换言之，"肉"首先得到药物的治疗。治疗骨髓炎就是通过外敷中药使局部软组织炎症得以控制（若为开放性损伤创口感染所致者，在西医的治疗仍是先局部换药，控制、清除创口及周围软组织的感染）。脓成者，助其排脓，因《灵枢》云："脓不泻则烂筋，筋烂则伤骨"，有瘘管者还用药捻拔毒祛腐。脓尽腐祛而新肉生。临床中所见的因火器击伤而致骨折者，从其致伤机理来看，显然是"肉"先有所伤，而后至于"骨"。若此时治疗仅仅考虑骨折的复位而忽视了软组织的清创处理，将会带来不堪设想的后果，骨折亦未必愈合。因此，在治疗这一类骨伤时，首先是软组织清创，视其伤情，或待软组织伤愈合后再行骨折复位，或在清创同时进行骨折的整复。由此可见，无论是治疗骨伤还是治疗骨病，"治骨先治肉"的理论同样起着重要的指导作用。

四、何天佐对骨伤疾病诊疗整体观的思想

1. 整体观对疾病诊疗的重大意义

骨伤科在诊法上，有一个整体和局部的辨证关系，我们主张"重视局部，更重视整体"，论及治疗，同样又遇到了整体和局部的关系问题。历史上有人主张骨科伤病的治疗重视整体，著名代表人物是明代的薛立斋。陆师道在为他的《正体类要》作序时，高度概括了他的学术观点："肢体损于外，则气血伤于内，营卫有所不贯，脏腑由之不和，岂可纯任手法，而不求脉理，审其虚实，以施补泻哉。"自明以降，不少人宗其说，这句话也被广泛引用，似乎成了一些医家治疗骨科疾病的主要理论。

2. 局部治疗成功对整体带来的巨大收益

何氏骨科在诊病时，十分重视"精、气、神"。既重视局部，更重视整体。强调"察言观色，知其体相，高屋建瓴，以观全貌"。力求做到对患者一见即能知病之所在，判断预后，这样在对危重或老弱患者治疗时，可以避免发生医疗事故。何仁甫常说："古云医卜星相，为何将医生放在卜卦者、占星家、相士一类人中，而且还放在首位？这话告诉我们医生必须学会识人、审时、度势。"这是望、闻、问、切四诊合参的核心，也是何氏骨科诊病的精髓。

骨伤科临床实践告诉我们，骨伤科同内、妇、儿科及一般外科不同，在诊断明确后，治疗局部的伤损变化是主要的，全身由此引起的变化是次要的，治疗应针对局部的伤损变化施治，才能收到好的治疗效果，所以，我们以何氏骨科历代医疗实践为基础，提出"治疗重视整体，更重视局部"。

3. 局部与整体的有机结合是一个永恒的话题

关于临床诊断方法，历代文献论述颇多，总不外望、闻、问、切四诊合参。唯独骨科，医者常常重视局部而忽略了整体，他们对患部的肿胀程度、有无皮破损、失血多少、瘀血面积、压痛点、功能障碍程度、有无骨擦音及患部的骨位移动等，询问得十分仔细，检查了解得十分清楚，而对病人的总体状况，如性别差异，年龄大小，禀赋强弱，形体丰瘦，走卧姿势，精神状况，面容、表情、神色等，则

注意不够，经常忽视。

何氏骨科在医疗实践中认识到"诊病重视局部，更应重视整体，"即是说，诊病首先要"知其体相"，从观察了解病员的形体、面容、姿态、颜色，进而了解病员的"精、气、神"状况。局部与整体的有机结合是一个永恒的话题。

五、外治法与内治法的侧重

1. 外治为主的理论基础

何氏骨科治疗骨科疾病，多以外治为主，内治为辅。外治法中的整复、固定、推拿、按摩、敷药、熏洗、药捻、导引是常用的方法；内治法中的汤剂、片剂、丸剂、酒剂是常用剂型。

以外治法为主治疗骨科疾病，是骨科自身的特点决定的。前面已经谈到，如果不用整复的方法，那么就连简单的肘关节脱位都无法治疗，因为人体是一高度精密配合的整体，中医称为"人身小天地"，一旦损伤，或骨折、骨断、骨碎、骨出；或筋弛、筋纵、筋卷、筋挛、筋翻、筋转、筋离、筋合，若不以两手安置所伤之筋骨，使其复于旧位，则不可言矣。外用药物治疗也是古已有之，《内经》用桂心渍酒以熨寒痹，用白酒和桂以涂风中血脉。《伤寒论》有火熏令其汗，冷水噀之，赤豆纳鼻，猪胆汁蜜导等。《史记·扁鹊仓公列传》载："乃使子豹为五分之熨，以八减之齐和煮之，以更熨两胁下，太子起坐。"这便是外治法在古代临床运用的生动描写。汉代以后葛洪、蔺道人、危亦林则更是十分重视外治。清代吴尚先，专重外治之法，著《理瀹骈文》介绍外治法历史，阐述外治法的理论根据，以及膏药的制法、用法、治疗范围、治疗作用等等，对发展中医的外治法作出了贡献，后人尊称他为"外治之宗"。他说："外治之理，即内治之理；外治之药，亦即内治之药，所异者法耳。""治在外则无禁制、无窒碍、无牵掣、无沾滞。""如内治者，先求其本，本者何？明阴阳，识脏腑也。……虽治在外、无殊治在内也，外治之学，所以颠扑不破者此也。所以与内治并引，而能补内治之不及者此也。"说明外治法治疗骨伤科疾患在古代是正规治疗方法。

2. 如何彰显外治为主

何氏骨科将外治的方法归纳为五个大系：

手法治疗——包括整复、推拿、按摩、指针、点穴等。

器械治疗——包括牵引、固定、机械按摩、器具矫形、机械被动运动等。

物理治疗——包括声、光、电、磁在内的各种理疗方法。

药物治疗——包括药物外敷、穴贴、熏蒸洗、熨灸、滴漓嗅、药线烧、药布缠渍药捻等。

导引治疗——包括各种主动的运动医疗和气功医疗。

具体的方法则多达数百种，它们构成了一个多层次、多方面的立体的综合治疗体系。每种治疗方法又有自己的特色，在某些疾患的治疗中有极强的针对性，因而比单纯的内服药物、内固定或人工材料置换等有较多的治疗手段和较高的疗效。

外治之法还比内治之法有更多的互容性，可多种方法组合运用，提高疗效。内治之法则很少互容性。外治法有许多方法不是单纯用药治疗的，因而大大减小了个体差异对治疗效果的影响，提高了疗效。外治法有许多方法都能更客观更直接地反映出治疗的结果，便于检查疗效及进一步的治疗。

所以，对骨科疾病的治疗，何氏骨科强调"外治为主，内治为辅"。

骨伤科疾患绝大部分表现为局部疾患，直接用药作用于患部，力专效宏，可使疗效提高许多倍。现代医学认为给药的最佳方法是直接将药送到靶器官——患病的组织。有学者曾作做试验，将药物涂敷于左上肢，一定时间后从左右两侧对应部位采血分析，发现左侧血药浓度明显高于右侧，说明受药部位的局部浓度大于其他部位，在这种情况下，药物有效成分分子未经体循环便扩散到附近。中医骨科采用外敷药物治疗疾病，正好是以最简便、最直接、毒副作用最小的方法将药物送到了患病的部位，这与现代医学的观点完全是一致的。

现代对药物的研究比过去更深刻，用药的针对性也强，相应的药副作用问题也就显得更加突出。例如东莨菪碱和其他抗蕈毒药一样，这类药物临床应用范围广，但药物的有效剂量和中毒剂量接近，如果药量达不到有副作用的程度，就很难获得期望的治疗效果。正确剂量使用时，副作用一般不严重，但它困扰病人，显著地限制了病人的承受剂量，限制了这些药物的长期应用。又如硝酸甘油有治疗急性心绞痛和预防心痛发生的作用，为了迅速解除疼痛，最普遍的给药方式是通过舌下含化。然而因为心绞痛的严重性和硝酸甘油的半衰期仅 1 ~ 3 分钟，硝酸甘油经口腔黏膜及胃肠道壁吸收进入血液后，必先经过肝，药物在肝中的降解超过 60%，使得病人必须加大剂量且频繁用药，这会造成有效血药浓度可能很高但却不稳定，它的副作用和不利因素是显而易见的。再如雌二醇为雌激素常用药，对治疗功能性子宫出血、前列腺癌、绝经期的某些病症都有一定的疗效。但是，口服的雌二醇不是内源的生理激素，也不是按生理模式给药。雌二醇和结合雌激素都在肝首过效应中代谢为雌酮或雌二醇的结合物。因此，要达到雌二醇治疗的血药水平，口服剂量要大，这样，血液中雌酮的浓度也很高。另外在给药间隔的一些时间点上，激素的峰值浓度大大超过了一般绝经前的峰浓度。因此每日一次口服雌二醇，就像每 24 小时"用铁锤猛击肝"一样，其结果是肝蛋白显著上升。它可导致高血压、高血脂、高凝血度等异常严重的毒副作用。而外用药物不入肠胃，不经脏腑直达病所，药物的毒副作用可减至最小。反过来讲，药物毒副作用减至最小又可以更进一步加大药物的剂量和药力，提高疗效。

过去对药物的作用机理认识不够，总认为药物必须进入口中，药物才能发挥作用。随着对药物作用机理认识的加深，特别是现代人体微循环研究的深入，人们越来越深刻地认识到经皮给药已经成为极好的给药途径，外治为主治疗骨伤科疾患也就显示了越来越大的优越性。自 20 世纪 70 年代以来，美国学者基多尼厄斯等从现代解剖学、生物化学、药物化学、药代动力学、药效学等角度深入研究了外治法中的外敷药疗法，取得了十分有意义的成果。

3. 内治法的配合，可以达到事半功倍的效果

能保持稳定的无毒的和有效的血药浓度。一般的给药方法，药物输入人体的办法是周期性及专属性的，药物随血液循环到身体各部分，药物的浓度在最初阶段升高到很高水平，药物呈现毒性，带来副作用。随着时间推移，体内自然的代谢过程，药物浓度逐渐降低，在下降到最低有效浓度前必须第二次给药，方能保持治疗作用。这种脉冲式的给药方法，药物在血流和组织液中的浓度波动很大，药物的效能－毒性图象不理想。外敷给药则不同，药物是经过皮肤逐渐吸收的，

皮肤有相当的物理和化学屏障作用。因而药物只能逐渐进入体内，血药浓度是一条介于毒性水平和最低有效水平中间的几乎和时间轴线相平行的直线。所以这种给药方法能保持稳定的、无毒的和有效的血药浓度，换言之，这是药效既好、药副作用又最小的用药方法。

避免胃肠道的破坏和肝的首过效应。口服给药，药物首先经酸性、碱性消化液和各种消化酶作用，进入血液后，又遭到肝的降解作用。肌注或静脉注射给药，也会因肝的首过效应而使药效大部分损失，为了保证药物的应有功用，只得加大药物剂量。外敷药经皮给药，避免了胃肠道的消化作用和肝的首过效应，常常只需用较低的剂量就能达到治疗目的。

药物不经过胃肠道，无胃肠道不适和副作用。中医认为脾胃为后天之本，生化之源，不伤胃气对疾病的早日康复至关重要。外敷药不经胃肠道，是祛邪不伤正的好办法，比祛邪先伤正的口腔给药治疗办法确实优越。

肝毒性很低。由于肝的首过效应，药物进入体循环后首先经过肝的降解。它除了减少药效外，还对肝产生很大的毒性作用。外敷药持续给药，血药浓度水平低，又不受首过效应的影响，因而对肝的毒性很低。从中医角度看，肝为罴极之本，主宗筋而利关节，肝之正气不伤，对运动功能十分有利，故在骨伤科治疗方面作用非同小可。

药物吸收不受胃肠道条件变化与肝代谢的影响。口服给药对药物和对胃肠道都有不利影响，而肌注或静脉注射又都要产生皮肤、肌肉或皮肤、血管的局限性损害，外敷药治疗，是一种无损害性的非胃肠道途径的给药方法。外敷药经皮治疗，不打针，没有感染或出血损害的可能。没有静脉滴注或注射的不方便和痛感。不具有肌肉注射和静脉注射给药治疗常见的错误或耽误现象。药物输入的控制因素不是剂型而是个体差异性很大的皮肤。可以多日连续给药，对治疗慢性疾患有利。方便，无需治疗方案，可以自己用药。降低病人个体间和个体内的差异影响，具有更广泛的适应性。释放药物的可撤性，如果需要中止治疗，允许随时移去药源，且容易恢复原状。有肉眼可见性，易于检查。可以分部位用药，提高了药物的针对性，从而大幅度提高药效。

六、"分部位用药"学术思想

外敷药物是中医骨伤科的重要特色，它在伤科治疗中占有非常重要的地位，其疗效卓著，广泛地运用于骨伤、骨病和其他骨疾患的治疗，何氏骨科外敷药物不仅具有一般中医骨伤科的使用规律，更有其自身的特色和优势。

1. 分部位用药的根本在于辨识疾病性质

外敷药治疗骨伤疾患，是骨科常用而又主要的外治方法。外治亦如内治一样，是以辨证论治为基本治疗规律来认识病症给予治疗的。但是，迄今为止的骨伤科文献所载，都是辨病与辨证结合，脉与证互参，分期辨证和分型辨证等，何氏骨科除了同样采用这些辨证方法外，还总结出了分部位辨证的方法。在运用外敷药治疗骨伤科的伤损疾患或骨病时，采取了对不同部位、不同症状外敷不同中药的方法，明显地提高了治疗效果，缩短了治疗周期。

如腰骶关节损伤合并双侧腰肌劳损的病例，在腰中部的腰骶关节区域，活动痛甚，有明显压痛点，按压该处有的有时向腰两侧放射痛，一般无结节和索类块状组织；而在腰两侧，有较大面积之酸胀痛，无明显压痛点，喜按压，得热痛缓，有的双侧腰肌板结，甚至扣及条索状之肌痉挛块。我们认为此病腰中部及腰两侧有不同的"证"，若按一般治疗方法那样，外敷同一种方药，则无论此方药配伍如何得宜，剂量如何精当，都难免顾此失彼，起码有一些部位药不对证，只有在腰中部及腰两侧外敷对该部位之"证"有针对性的药物，才能做到药对其证，提高治疗效果。

又如肘关节肱骨外上髁炎患者，肱骨外上髁处有尖锐的压痛点，活动时该处有较明显刺痛，轻度肿胀，无瘀瘢，这是伸指肌腱末端反复牵拉而变性，造成局部损伤的结果。而在肘窝部及肱桡肌腹部，平时疼痛隐隐，按压该处胀痛，无肌痉挛，这是受腱末端变性的影响，肘窝部肌筋膜发生充血性、无菌性炎症，肱桡肌乳酸沉积，排泄不畅所致。若照一般治疗方法那样，外敷同一种方药、则无论如何都无法做到药证相符；若在肱骨外上髁处外敷养筋续筋、补肝益肾的中药，而在肘窝及肱桡肌腹部外敷温经通络、消炎健运的中药，就能药证相符，明显提高疗效。

2. "活用"与"合用"的辨证思想

下面以颈椎病、脊椎病性腰腿痛和柯雷斯氏骨折为例，详细介绍何氏骨科分部位用药法。

颈椎病是因颈椎退行性改变及其继发改变刺激或压迫神经根、颈髓、椎动脉、交感神经等引起各种症状和体征者，是一种常见病。丁锷、潘之清、杨克勤等均采用分型辨证的方法。何氏骨科认为，单纯分型不足以概括颈部甚而颈肩部、上肢部围绕颈椎病而产生的一系列症状，即颈中部脊椎区有椎体骨质的疏松；椎间盘的失水萎缩；软骨、周围肌腱及韧带的变性；无菌性炎症，充血和水肿；椎动脉的受压，颈髓、交感神经、神经根等的受压或被激惹。脊椎区的两侧是项肌群，常因脊椎区的上述改变导致劳损、痉挛。这两个区域的下面即颈肩部，是肌群丰富、筋膜密布的区域，常因脊椎区的上述改变而导致肌筋膜发炎而疼痛严重，甚至影响到上肢麻木疼痛。单就上述情况也足以说明，这三个区域具有不同的"证"，只有不同的药物外敷治疗，才是深入一层的辨证论治，所以，我们在治疗颈椎病时，在不同部位外敷不同方药。如对大多数神经根型颈椎病，脊椎区都有骨赘或突出物压迫神经根，故在治疗上应外敷消增健运、消炎通督的软坚散结散；项肌群区应外敷温经通络、祛风散寒除湿的止痛壮骨散；在颈肩部应外敷通络散寒止痛的风湿痹痛散。就是同一类型的病人，在辨证上虽可大致按以上三个部分考虑，但由于个体不同，症状亦多有差异。如有的病员颈肌症状不明显，而在颈枕线一带腱附着处，却疼痛不适，压痛明显，这时该局部就应加用养元补损的壮骨抗痨散；有的患者颈肩区症状较轻，则可不用风湿痹痛散而直接用何氏止痛壮骨散。以上可见何氏骨科外敷药多是分部位随证化裁，此即张仲景"有是证即用是方"的辨证论治方法之具体运用。

腰腿痛不是一种病，而是许多种疾病所共有的一种症状。所谓脊椎病性腰腿痛，系指引起腰腿痛的主要病因在脊椎本身，这里所说"脊椎本身"是包括脊柱的脊椎骨、关节、肌肉、肌腱及韧带等。脊椎病性腰腿痛是中医骨伤科的临床常见病症之一。何氏骨科认为，尽管引起腰腿痛的"脊椎本身"的疾患种类较多，临床上同样可在不同部位发现它们具有不同的症状这一共通点。在腰脊柱区有时还包括骶部和骶髂关节部，常有损伤、退行性变、关节紊乱、关节失稳等体征；

在腰两侧（我们简称为腰区）则常有肌肉板结、僵硬或痉挛，单侧或双侧有胀痛，喜暖喜按；在臀腿区，又主要表现为神经性疼痛或神经营养性疼痛。所以在腰脊柱区，何氏骨科常根据病情采用外敷续断接骨散、壮骨抗痨散、生骨散、软坚散结散，在腰区域外敷止痛壮骨散；而在臀腿区，则常常根据病情、病程，外敷风湿痹痛散、松痉解凝散、止痛壮骨散。

分部位用药不仅适用于骨病，也适用于骨伤。以柯雷斯氏骨折为例，一般西医采用外固定，少数采用内固定，均不用外敷药；一般中医师采用外敷和内服中药，夹板外固定，外敷及内服中药大部分早、中、晚三期用药。我们治疗此伤，不仅要分早、中、晚三期辨证用药，还要根据具体情况分型辨证用药，但最突出的是分部位辨证用药。如新损伤的柯雷斯氏骨折患者，常在折部外敷续断接骨散活血化瘀，续筋接骨；在其余肿胀部，外敷消肿止痛散行气活血，化瘀退肿。随着肿胀的消退，外敷续断接骨散，且药量逐渐加多，敷药面积逐渐扩大，待骨痂基本生长以后，可根据瘀肿消退的情况，缩小续断接骨散的敷药面积，甚至将消肿止痛散换成止痛壮骨散，以帮助功能恢复。

应当指出，本方法并不排斥其他治疗方法，如骨折、脱位的整复方法，内服中药疗法，推拿按摩疗法……事实上，何氏骨科治疗骨伤骨病时，总是根据伤情采取多种治疗方法和手段。外敷药疗法、分部位辨证论治亦未脱离分型辨证，而是这些辨证方法的补充和深化。

分部位外用药物是何氏骨科最显著的特色之一，是内服方剂君臣、佐、使原则和理论在外用药物中的直接体现和运用，也是何氏骨科外用药物疗效显著的重要原因。

七、骨伤骨病的推拿按摩手法特点

中医骨科推拿手法极为丰富，这除了历代骨伤科医生在自己的医疗实践中多有创造和积累外，更得力于历代推拿按摩科医生的创造发明和理论研究。

1. 十指推拿术操作要领

推拿是每个中医骨伤科医生的一项必备基本功。在施推拿术治疗之前，须对"位、数、形、势"四个方面做到心中有数。

"位"指手法作用的部位、穴位，也指患者的体位，医者与患者的相对位置。

"数"指手法的快慢和节律。有的病需要手法频率大，有的病又需要手法缓慢，有的使用均匀节律，有的先快后慢，总之应根据病情需要而定。

"形"指推拿施术时所采取的式样，医者需要根据不同的病情和不同的效应部位，在选用不同的手法种类及手法操作时，顺筋、横筋、逆筋的运动方向。也包括采用简单手法、复式手法、复合式手法及手法套路，使手法针对性强，副作用小，患者痛苦少，医者省力气，治疗效果好。

"势"指医者施术时的力度和态势。盖因患者不同，病情浅深各异，对刺激的耐受性不一样，甚至心理承受力也有大有小，术者必须选择合宜的力度和态势，才能提高疗效。

2. 十指推拿术的特点，与其他推拿手法的异同

（1）推拿贯彻了整体观念和辨证论治思想

软组织损伤及许多骨伤科疾患，都有伤气伤血，在表在里，属寒属热，孰轻孰重等不同，患者身体素质、年龄、性别、所处环境、病程长短也各有差异。应针对具体证候，辨证施法。在临床上，我们注重患者与术者的体位辨证，常法与变法的辨证，标本缓急的辨证等。并特别注意辨筋施法，就是根据手感下软组织的具体生理改变和病理变化来选择运用手法，这对提高疗效大有裨益。

（2）推拿需十指灵活运用

我们运用推拿术，不用肘臂施法，不倚器具，不用足踩，全凭一双手，十指灵活运用，特别以拇指操作为主要特色。人是万物之灵，而双手又是人体各部位中最灵活者，科学昌明至今日，已制造出千千万万精巧器具，而欲与手的灵活变化媲美者，现在尚无，乃至今后相当时间内亦难产生。手的感觉敏捷，力量集中，针对性强，运指灵活，故以双手推拿，或轻重开合，或高下疾除，或补或泻，均可按医者意愿变化，做到与病情丝丝入扣，这是任何其他器具难以取代的。

（3）推拿尽量少用刚强手法

"手法与药物，法二理一，使用宜慎。刚强手法有如剧毒药物，万不得已而用之。即使用，也有限度，讲分寸，衰其大半而止。当然，阴形柔术也不能乱用，若病木已阻遏，乱施补法，将更至壅闭"。严格而言，不讲究技巧的简单动作不

能称之为"法"。有些人认为推拿只要有力气就行，甚至认为气力越大越好，因此在施治时动作生硬粗暴，令病人痛苦不堪，这是片面的，甚至是有害的。明代张介宾对此早就提出过严肃的批评。他批评当时有些按摩医生，"专用刚强手法，极力困人，开人关节，走人元气，莫此为甚。病者亦以谓法之所当然，即有不堪，勉强忍受，多见强者致弱，弱者不起，非惟不能去病，而适以增害，用若此辈者，不可不为知慎"。

3. 推拿在骨伤科中所起的作用

推拿在骨伤科治疗中处于从属地位，骨伤科对骨伤病的诊疗，是一个完整的程序，是一套完整的方法。从检查开始，然后辨证、确诊，再手法外治（包括整复，也包括推拿），再外敷中药、固定（包括包扎），最后检查（包括固定的稳固程度，包扎的松紧，肢端的血运情况及病人的全身情况等），这样才算一个病人诊治过程的完成。从这个全过程可以看出，推拿在绝大多数情况下均处于次要的、从属的地位。如果将推拿放在治病的主要位置，那就不是一名骨伤科医生，而是一名推拿按摩医生了。

4. 推拿必用药

历代推拿按摩科医生和骨伤科医生在推拿治病时，均以推拿为主，即或用药，也是作为辅助，称之介质。如《景岳全书·卷四十五》："治发热便见腰痛者，以热麻油按痛处揉之可止。"《中医推拿学》："现在，推拿临床治疗中在运用某些手法时，也常应用各种递质，如葱姜水、滑石粉、麻油、冬青膏等都是较为常用的。应用递质不仅可以加强手法作用，提高治疗效果，而且还可以起到润滑和保护皮肤的作用。"我们认为，药物在推拿治疗中同样有很重要的治疗作用，推拿是"带药入里治病"，因此专门配制了疗效确切的外用药酒及外用药膏，每次推拿必用药。

八、何天佐"瞬间复位法"理论治疗骨折脱位临床探微

手法乃正骨之首务，其复杂程度远非一些简单手法能完全概括。有的人在简

单的手法的基础上归纳了推挤提按、成角折顶、回旋拔搓、摇摆叩击、旋转捺正、交错捏合、抖颤靠挤等复式手法。这些手法较简单手法更切近实际，能使学习者明白一些整复中的复式动作，对学习手法是有益的。但就临床实际应用而言，仍然属于基本的、局部性质的手法。美国科学家约翰·查理教授说得好："骨折的手法治疗不但不是一种粗糙的不可靠的技术，而且可以归结为一门科学。"

1. 何天佐"瞬间复位法"的学说探析

何氏骨科在"治骨先治肉"理论的基础上，归纳总结出了治疗骨折、脱位的"瞬间复位法"，这种方法大都只需一人徒手复位，对肌肉丰满、重叠移位较多的骨折、脱位才需助手或患者家属协助。是闭合复位较理想的整复方法。

众所周知，准确的复位和正确有效的外固定，是保证骨折、脱位患者康复的根本。要做到复位准确，固定正确有效，医者必须了解人体解剖和造成骨折、脱位的直接、间接暴力及移位方向。在复位时尤应注意人体的解剖关系，所施手法必须在不造成新的人为损伤的前提下，克服阻碍复位的抗力、充分利用人体自身恢复平衡的内在动力。能够造成外伤骨折、脱位的必然因素是外力，它可分为直接外力和间接外力两种。如枪弹伤、车压伤、打击伤等直接作用于人体某部位而使该部位骨折、脱位者称直接外力；外力作用于人体某一部位，因传达和牵拉的作用而使另一部位骨折、脱位者称间接外力。当人跌倒时，伸手触地，由跌倒时冲力引起的反抗力从地面沿肢体向上传达，在手腕、前臂及肘部所造成的桡骨远端、尺桡骨及肱骨髁上等部位的骨折就是一种由传达暴力引起的外伤性骨折。急剧而不协调的肌肉收缩或韧带突然被强行拉紧，如人在正常的活动中意外地遇到障碍或摔倒，出于人们本能的应急反应引起的髌骨、尺骨鹰嘴、胫骨结节、肱骨大结节、第五跖骨基底及绝大多数肌肉、韧带附着点的撕脱骨折等都属于牵拉性外伤性骨折。

关节脱位多由传达暴力或杠杆作用引起。如患者跌倒时、肘关节伸直、前臂旋后，掌心触地，传达暴力使肘关节过度后伸，以致鹰嘴突尖端急骤地冲击肱骨下端的鹰嘴窝，产生一种有力的杠杆作用，使止于喙突上的肱前肌及肘关节囊前壁被撕断，形成肘关节后脱位。直接暴力作用于关节部也可造成关节脱位。如外力从前往后打击肱骨头，肱骨头过度内旋后移时可冲击关节囊后壁、盂唇软骨或盂缘而滑入肩胛冈下形成肩关节脱位。

外力所致骨折可形成无移位的不全或完全骨折和断端间有前后、左右、旋转、成角、重叠、分离等移位的骨折。无移位的不全或完全骨折无需整复，只需作一般的外用药治疗及一般外固定即可愈合。

有移位骨折的移位和关节脱位的方向与程度，除与外力的大小、方向及作用于人体的部位有关外，更主要是因外力破坏了人体某部的结构，致使人体内部结构平衡失调。人体内除少数小块状骨外，没有不附着肌肉的管状骨。这些附着在管状骨上的肌肉，依功能分为许多肌群，各有不同的起止，受神经支配而产生协调与拮抗的作用，而与被附着的管状骨处于协调平衡状态。当外力造成移位骨折后，破坏了附着于骨骼各肌肉的平衡，在骨折段上仅有部分肌肉的起止，而且大都是单方面作用的肌群，缺乏相应的拮抗肌。折骨被牵拉而移位。这是骨折后折端移位和整复后再移位的原因之一。

在整复有移位的骨折和脱位时，通常的方法是借助多种手法把移位的断骨、脱位的骨头"拉"回原位，有人以此认为受 50 kg 外力使骨折向左移位 1 cm，则只要给折端一个向右的 50 kg 整复力就可以使骨折得以整复，这是机械地看待骨折整复力。事实上，临床实践经常表明，在某些情况下，30 kg 的力就可以整复，而在另一些情况下 70 kg 的力也整复不了；有的病员，经医生、助手几人数次复位都未能成功，甚至造成人为肌肉撕裂，血管、神经损伤；有的在 X 线下勉强复位后，因未能用外固定的力使遭到破坏的肌体内力平衡得到恢复，复诊时又移位，给病员造成极大痛苦，延长了骨折愈合时间，一些关节与近关节骨折容易后遗肢体功能障碍等，这就是机械的整复观念带来的恶果。

2. 瞬间复位的含义与意义

第一，所有整复均采用复合式的动作，除了个别需要助手的配合用力外，医者的双手，乃至肩、身腰、腿足都有协同配合的连贯动作，一气呵成。

第二，动作快捷，瞬间取效。如胡廷光所说："法使骤然人不觉，患如知也骨已拢"。比如桡骨远端骨折时，在患者注意力未集中在骨折处时突然发力，迅速完成复位，让肌肉暂时来不及或迟缓做出拮抗反应，全部或部分避免了肌肉收缩产生挤压应力来中和术者的拉力。

第三，化解对抗的肌力。任何骨折、脱位时，远端的移位都受一定的肌力影响。当医者要进行整复时，这些肌力就变成了对抗整复的肌力。瞬间复位法根据移位的肌力的实际情况，不再对抗整复的肌力的轴向用力，而是与之成角度用力。所成角度一般跟下一步整复动作有关，例如整复伸直型桡远骨折时，拔伸牵引后即为尺偏，那么医者在拔伸牵引时并不是在拮抗肌轴向用力，而是有意识轻度尺偏用力。根据力的分解的平行四边形法则，对抗的肌力得以化解，并在尺偏方向分得一分力，为下一步整复做好准备，整个整复过程变得容易和轻松，减少了整复过程对伤折部组织的破坏。

第四，利用有利的肌收缩。瞬间复位时，正好使得相应的拮抗肌的收缩变得有利于整复和固定。使整复变得容易，整复后的稳定度加大，愈合期缩短。例如，肘关节后脱位的复位，病员医者相向而坐，医者一手握着伤肢前臂下端，一手拇指置于肘前部肱骨远端，余下四指置于肘后部鹰嘴突部位，在120°曲屈位顺势牵引下，旋前曲屈，且置于肘部拇指向后上方与置于鹰嘴突的四指向前下方同时用力，一气呵成，当听见弹响声，证明复位成功。此复位要点在于在120°左右，屈肌群与伸肌群的拮抗力最小，当旋前时，可最大程度将肘部的负荷转移到肱桡关节，减少肌肉及韧带的拮抗，在此情况下，同时用力，减少了肘部的能量积累，从而达到创伤小，复位佳的效果。

第五，持续的骨或皮牵引，力量过轻达不到复位的效果，力量过重有造成骨折断端分离、不愈合或延迟愈合的危险。纵然牵引后复位较好，也延迟了骨折骨性愈合的时间。原因是持续牵引使部分肌肉较长时间承受张力，处于紧张状态，拆除牵引后，这部分肌肉的回缩力减弱，不利于骨折断端的紧密相嵌，减弱了人体自身恢复平衡的动力。同样道理，麻醉虽然可以减少移位骨折和脱位整复时肌肉的痉挛，使肌肉放松，有利于整复，但由此而造成的肌肉松弛不利于骨折断交锁固定在既得的整复位置上（这在治疗初期尤其重要）；不利于折端的相对稳定；不利于断端的持续接触，紧密嵌插；不利于产生压垫效应，影响骨痂生长的爬行替代过程，从而影响骨折治疗的进程。瞬间复位法不用麻醉、不施牵引，且拮抗肌轴向的用力为术者用力的分力，小于术者用力，拮抗的肌力也相应较小，有效避免了拮抗肌对抗整复时出现损伤的可能，显然在很大程度上克服了以上缺点。

第六，瞬间复位法的特点是对医者的理论、技术水平要求较高，需要较为丰富的临床经验。因为在施行手法前，医者首先要考虑手法的安全性，了解病人的身体状况，耐受性，有无禁忌征等，其次，要准确了解局部的解剖结构，骨折和脱位的方向，找准施力的作用点和方向，为手法实施做好准备，第三，强调运用巧力，以柔克刚，不可使用蛮力，粗暴复位，尽可能借病人自身之力完成手法复位，第四，强调发力时，要疾发疾收。所以我们认为这正是每一个骨伤科医生应当努力的目标，瞬间复位法迫使我们更快地提高自己的专业技术水平。

3. 瞬间复位法对临床的指导意义

何氏骨科认为，在整复有移位的骨折和关节脱位时，医者的作用是对骨折断端和脱位关节给以一外力，使之恢复人体的内在平衡。而所施这一外力并非机械地施以与原造成骨折移位和关节脱位的方向相反、作用于同一部分、大小相等的外力。

人是一个有生命的机体，通过神经中枢，对平衡变异有自身恢复的能力。医者所施手法的目的在于如何调动人体自身恢复平衡的动力，为充分发挥患者主观能动性创造条件。基于此，何氏骨科在骨折和脱位的整复时，除了要了解受伤的外力和骨折断端移位的方向外，还必须仔细分析阻碍复位的抗力和再移位的倾向力。用子骨找母骨，也就是用骨折的远断端的方法，用力学的杠杆原理并结合骨折位的解剖关系，利用关节的功能活动化解肌肉阻碍复位的抗力；调动人体自身恢复平衡的动力以恢复机体的内平衡。对一般有移位的四肢骨折无需采用麻醉和持续牵引，以瞬间复位达到准确的整复，既减轻了病员的痛苦，又促进了骨折的愈合，也有利于关节功能的提前恢复。这就是何氏骨科所言"瞬间复位法"。

例如手法整复右侧伸直型桡骨远端骨折，助手固定前臂近端，医者右手与患者虎口对握，食指钩住患者第一掌骨基底部，左手大鱼际按于桡骨背侧远端折块处，食指、中指、无名指、小指四指指端卡在尺桡骨掌侧之间，钩住桡骨近折端。在患者注意力未集中在骨折处时，右手突然发力牵引，同时快速完成尺偏、掌屈的动作，四指在尺偏时配合右手将桡骨近折端向桡侧上提，左手大鱼际在掌屈时配合右手同时用力向掌侧按压远折端。完成以上动作后，立即将患手恢复到中立位，整复结束。整个动作一气呵成，中间不得停顿，或反复重复某个动作。结合医者适时与患者交谈，分散其注意力，多能一次完成整复，且复位效果较满意。

九、何天佐联合夹缚术的认识

1. 联合夹缚术的理论渊源

追溯历代骨科医家著作，从有骨伤科疾患治疗的记录开始，就有了固定。因为固定不仅是使致伤机体恢复正常生理功能的重要方法，而且也是减轻患者痛楚的极重要的手段，甚至在某些情况下是唯一的方法，所以固定在骨伤科治疗中有着不可低估的作用。

早在晋代，葛洪就已采用竹片夹缚治疗骨折。《外台秘要》云："肘后疗腕折，四肢骨破碎及筋伤蹉跌方：烂捣生地黄熬之，以裹折伤处。以竹片夹裹之、令遍病上，急缚勿令转动。"《仙授理伤续断秘方》对夹板的制作和使用有了进一步的论述："治跌扑伤损，筋骨碎，差爻出臼……次以木皮，约如指大片，疏排令周匝，将小绳三度缚之要紧，三日一次，再如前淋洗、换药、贴裹。不可去夹，须护，毋令摇动，俟骨生牢稳方去夹，则复如故。"在宋代《太平圣惠方》已有使用柳木夹板记述。

在元代《世医得效方》有使用杉树皮固定脊柱骨折的记载。明代《疡医准绳》、清代《医宗金鉴》都进一步对夹缚固定作了论述。近代对夹板的应用，吸取了历代使用夹板的优点，并根据人体生理的特点，贯彻了"动静结合"原则，改进了夹板固定装置。由于夹板固定对骨折端无应力遮挡作用，对血运无破坏，对骨折的自然愈合过程无干扰，对肢体外形无损伤，简便安全，容易为病人接受，故已成为许多骨折的首选固定方法。但是，迄今文献所见的外固定，均只探讨了夹板的杠杆力，布带的约束力，纸压垫的效应力等，或只研究了这些力的叠加。

尽管固定已使用了几千年，但是其概念至今仍不太统一。张安祯说："为了维持损伤整复后的良好位置，防止骨折、脱位再移位，保障正常的愈合过程，在复位后必须固定。固定是治疗损伤的一种措施。"就张安祯所谈的概念及固定一章的内容，都是指维持骨折，脱位整复后的位置而言的。娄多峰说："固定是治疗伤科疾病的一种重要手段，如果骨折经过手法整复后，治疗效果的优劣与固定方法有关，甚至起着决定的作用；关节脱位经复位后，为有利于筋肉、关节囊的修复，防止其再脱位，也须进行固定。"按照娄多峰的说法，固定也只是防止骨折和脱位再移位的一种手段。

通常所谓"外固定"即指通过放置于身体外面的固定器材对身体局部或全部进行固定。

何氏骨科认为，固定应包括四方面的内容。第一，骨折、脱位整复后的固定。基本内容和前面张氏、娄氏所谈一致。第二，强制体位的固定，如先天马蹄内翻足在治疗中的外翻位固定；先天性斜颈的校正位固定；外踝侧副韧带损伤的外翻位固定；锤状指的过伸位固定等。第三，外用药物的固定。外用药物直接涂敷在催患部位，不一定能依靠自身的粘结力附着在患部，就需要依靠固定，才能使药物与患部保持始终接触的状态，进行持续的经皮给药治疗。第四，合理有效的外固定还是针对残余移位和残余成角的一种治疗措施。所以说，固定是用器具使催患部位在某种状态下保持相对静止的方法。

随着社会的发展，人民生活水平日益提高，人们对生活质量的要求也愈来愈高，生活兴趣愈来愈广泛，因而对各种治疗效果的要求也愈来愈高。从过去简单要求身体痊愈和生活自理，到目前的追求生活、娱乐、工作全面恢复正常。这是一个巨大的飞跃，也为我们广大医务工作者和医学专家提出了更高的要求，提出了许多有待于攻克的艰难的课题。

何氏骨科在长期的临床实践中不断总结经验，创立并提出联合外固定这个概念。联合外固定是指根据患者具体伤情，利用适当的固定材料或器材—— 夹板、压垫、粘膏和绷带这四个各具特殊作用的单元，以非创伤的方式，在身体外面对身体某一部分或全部进行的完全或部分制动式的一种外固定方法。此方法可以对骨骼、关节和软组织创伤、疾病及畸形进行治疗或辅助治疗，达到恢复躯干、肢体和关节功能的目的。

中医学理论体系非常重视人体本身的统一性、完整性及其与自然界的相互关系。《内经·素问·阴阳应象大论》说："天地者，万物之上下也。"《内经·素问·生气通天论》说："天地之间，六合之内，其气九州九窍，五脏十二节，皆通乎天气"。即是说自然界的一切事物和一切现象，它们彼此之间都是相互影响、相互关联、相互依存的，而不是孤立存在的，从而明确地指出了宇宙的整体关系。此外，人与自然界的整体观，人体脏腑生理的整体观，病理变化的整体观，诊断治疗的整体观共同构成了中医理论体系中非常重要的整体观念。

当机体发生骨折、脱位时，机体的统一性和完整性遭到破坏，造成骨碎、筋断、血离故道、气不相续、经络受阻，患部壅滞等病理现象。此时采用外固定，是恢复被破坏的整体性的手段之一。外固定一经使用，可视为参与了人体功能活动的一部分，对患部乃至全身的阴阳、气血、生理功能，都有补偏救弊、复其中常的作用。从这一点来观察，外固定也同样具有药物治疗疾病的本质作用。

《内经》云："主病谓之君，佐君之谓臣，应臣之谓使。"这是遣药组方的原则。这一原则使各种药物严格按照治则、治法，成为组织严密、条理井然的有机整体。正确运用这一原则，可增强药物的协同作用，提高疗效，可更符合病情需要，更好地治疗比较复杂的病症；还可以调偏胜，制约药物的烈性或毒性，以消除或缓和药物对人体的不利因素。

基于外固定与药物治疗在功能上的同一性，我们在使用夹板、压垫、粘膏和绷带对骨折、脱位进行固定时，将各固定单元按中药组方原则，分为君、臣、佐、使配伍使用。针对伤情，有的是以夹板为君、绷带为臣，压垫、粘膏为佐使；有的是以压垫为君，绷带为臣，夹板为佐，粘膏为使。粘膏也可以为君，如肋骨骨折，用粘膏作叠瓦式粘贴固定，绷带也可以为君，如一些关节脱位复位后，就单用绷带作软固定。绷带也可以为臣，一般骨折简单的夹板外固定就是以夹板为君，绷带为臣，粘膏为佐使的。又如股骨颈骨折的一些类型的固定，压垫为君，绷带交叉缠绕，力点汇交作用于压垫上为臣。绷带同样可以为佐，如锁骨骨折，肱骨内、外髁撕脱性骨折、髌骨骨折的某些类型，压垫为君，粘膏为臣，绷带为佐。夹板、压垫、粘膏和绷带四个单元在固定中的作用不是一成不变，根据伤情而确定。同组方治病一样，前已述及的各固定单元的作用因素，好比药物的炮制方法和药量，与治疗效果关系密切。

2. 联合夹缚术的操作要领

（1）夹板

夹板的作用由夹板的宽窄、长短、厚薄与形体符合的程度，扎带的松紧度等因素决定。

（2）压垫

压垫的形状、大小、厚薄、软硬程度都直接影响压垫对局部的效应力。马蹄垫、月牙垫除了有垂直于患面的压应力外，还有在弧形侧平行于患面的挤压分力；分骨垫主要是对垫两侧产生的挤压分力；塔形垫可使力的分布为一圆滑曲面，保证患部足够的压应力和稳度；桥形垫从三面固定折端，是某些骨折必不可少的固定方法；直角垫可从两面对骨折部施力，纠正整复后的残余移位。压垫的大小与效应力的大小成反比，可按照静力学公式计算出来，欲增大效应力，就应相应地减小压垫的面积。压垫的厚薄决定应力集中的程度，压垫厚，效应力增大；压垫薄，效应力相对减小，即压垫的厚薄与效应力的大小成正比。过软的压垫导致压夹力的损失，而过硬的压垫会导致应力过分集中。所以，使用压垫时，应针对骨折的部位、形状和可能发生再移位的方向，力求与形体吻合，既能避免压伤软组织，又可充分发挥压垫效应的最佳作用。这样既控制了折端的再移位，又使折面紧密接触，折端有大小适宜的压应力，有利于骨痂生长，促进骨折愈合，还应根据骨折部的形状、移位的多少，方向及接触夹板宽度，择优选用压垫的大小、厚薄和软硬程度。何氏骨科认为，中医的夹板固定，特别是压垫的应用，与石膏固定相比较，其优越性不仅表现在固定超关节与否和纠正残余移位的能力以及肿胀消退、固定的松紧调节等，更主要的是点和面的受力问题。对无移位或整复很好的稳定性骨折，在暂不考虑中药治疗作用的前提下，夹板固定和石膏固定有异曲同工之效。但对关节骨折，粉碎性骨折，特别是小块的撕脱骨折，单用夹板或石膏是难以奏效的。管形石膏和单纯夹板固定，给骨折部的作用力是一个面受力，难以有效地控制骨折整复的良好位置，不可能协助纠正残余移位。不少医家在临床中也运用了压垫，但只是简单地运用静力学压强公式，以加大折点的局部作用来整复位置和纠正残余移位。何氏骨科则认为，折点的作用力不可能任意加大（压迫性溃疡，对血管神经的影响等），而作用力除大小外，还有方向和作用点这两个不可忽视的重要因素。

（3）粘膏

粘膏的作用也是多方面的。粘膏力的大小，同粘膏的宽窄成正比，同预先加在粘膏上的予应力成正比。应力的变化不可能太大，过小起不了固定作用，过大会粘破。而粘膏的宽窄，也受压垫限制，不可能过宽过窄，影响最大、变化最多的是粘膏粘贴方向。粘膏的效应力可按静力学平行四边形法则分解为垂直于肢体轴线的分力和平行于肢体轴线的分力。夹角的变化，决定两分力大小的变化。也就是粘膏的粘贴方向，在很大程度上决定粘膏作用力。压垫的放置赖以粘膏稳定，特别是关节骨折、撕脱骨折，压垫的放置得当与否，常直接影响骨折愈合之迟速及折部的正常位置。而压垫要放置得当，更有赖于粘膏的控制。

（4）绷带

绷带元的作用由缠绕方向、缠裹方法、绷带宽窄、张力大小等因素决定。为了保持患部的相对稳定，需要建立一个新的力系，以便与造成患部再次移位的各力平衡。这个力，最好莫过于成封闭环状向心的力。夹板无论怎样也只能构成四面力或五面力，只有绷带才能形成封闭环状向心力，绷带又是小夹板压夹力的来源，小夹板能对患部产生压夹力，是绷带在包扎的时候纤维受到了牵拉而贮存的收缩力（回弹力）传递到小夹板上形成的。在单独使用绷带时，绷带的固定作用更是十分明显。前面谈到的强制体位固定、外用药物固定大都是依靠绷带完成。

（5）联合外固定的适应症及禁忌征

适应症：①适用于各种四肢骨折、关节脱位的现场急救，固定患处，以利安全和迅速的转运。②闭合性四肢稳定骨折复位后的固定。③开放性骨折：早期不宜采用，因有伤口，局部加压不利于愈合；但创面小、经处理后创口已愈合者，可考虑使用。④畸形愈合后四肢骨折，适合于手法骨折矫形后，复位满意且稳定者。

禁忌征：①患肢严重肿胀，指或趾端苍白或紫红，表现有血液循环障碍危象者。②前臂或小腿肿胀明显，怀疑可能发生骨筋膜室综合征的尺挠骨或胫腓骨骨折，用联合外固定易加重肢体肿胀，诱发骨筋膜室综合征的发生。③创面较大的开放性骨折，术后需经常换药，十分不便，骨折端也容易发生移位。④患肢伴有较大面积皮肤擦伤的四肢骨折。⑤伴大面积创面感染、伤口需要换药的骨折。⑥骨折伴有神经损伤，联合外固定有可能加重神经损伤。⑦不能住院治疗，而又不能经常来医院就诊检查的骨折病人。因为联合外固定的松紧度经常随患肢的肿胀减轻而变化，因此需经常检查其松紧度，防止因过松导致骨折再移位。

3. 因形制具的现实意义

（1）良好的外固定是维持骨折、脱位整复成果的有力保证

骨折、脱位经过整复以后，虽然恢复了正常的生理位置，但不能保证患部能维持正常生理位置不变。折断的骨、脱出的骨仍受到肌肉、筋腱、筋膜的牵拉力、

折部远折段的重力等复杂力系的影响，正常生理位置随时可能发生改变。外固定就是要重新建造一个力系，利用这个力系与原复杂力系相抗衡，也就是用外固定装置的杠杆来对应肢体的内部杠杆以保证正常位置的相对静止，为损伤的修复提供条件。

（2）良好的外固定是对骨折、脱位整复成果的有效补充

在骨折、脱位的整复过程中，往往难以达到百分之百的位线解剖复位。这时，外固定就可以凭借新建造的力系对患部产生持续作用。通过构建与原复杂力系的动态平衡使骨在微动过程中逐渐趋于最优位置。

（3）良好的外固定有助于保持某些强制性体位

有些骨疾患，保持某种强制性体位具有极其重要的意义。例如先天马蹄内翻足，如果不采用强制外翻位，使内侧挛缩的肌腱处于持续性被动牵拉状态，使外侧弛纵的肌腱处于持续的放松状态，则无论用什么样的外用药或内服药，也不能使马蹄内翻足有所好转，此时外固定就成为实现强制性姿势的重要手段。

（4）良好的外固定是使外用药物与患部保持接触状态的有效方法

骨伤科的外用药物有很多剂型，其中有些剂型，如硬膏（膏药）和部分油膏等，可以依靠自身的粘结力着于患部进行治疗。但是还有相当多的剂型，如软膏（药膏）、部分的油膏、一些搽擦药、全部撒掺药等，本身没有粘结力，得靠外力来保持与患部的持续接触状态，以便于药物通过皮肤作用于骨疾患所在。提供这种外力的最直接有效的方法就是外固定。

（5）良好的外固定是受损组织修复的前提

骨和软组织的损伤，是骨伤科的主要治疗对象。治疗骨和软组织损伤很重要的一点，是必须使致伤部位不再产生新的损伤。致伤部位的组织在致伤过程中遇到破坏，各平衡力处于不平衡状态。如果再有微小力作用其间，则致伤部位将产生新的损伤。另外，受损组织的修复，主要过程是被破坏细胞的吸收和新细胞的再生，这也要求相对静止。在此过程中维持良好的外固定显得至关重要。

（6）良好的外固定是减轻疼痛的重要环节

受伤后，几乎不可避免地会出现疼痛，它是人体受到强烈刺激和遭到破坏时，通过神经系统作出的反应。疼痛严重时会加剧病情，如疼痛性休克。即使一般性的

疼痛，也会给病人带来巨大痛苦，所以骨伤科各疾患的治疗，毫无例外地都有减轻疼痛的要求。而良好的外固定所维持的相对静止状态能使疼痛减小到最低程度。

何氏骨科联合外固定结合伤情，对各固定单元的作用因素作具体分析，不仅考虑作用力的大小，还特别注意作用力的方向以及形成该方向力的辅助单元；不仅考虑作用力的大小和方向，还特别注意力的作用点以及形成该力的辅助单元力的作用点。显然，联合外固定具有"以点受力为主，而又点面结合受力"的固定特色，能更好地保持折端的相对稳定，且能加大肢体的活动度，提高"动静结合"的水平；能较好地解决折部骨的生长与应力的关系，使折端经常保持的压应力抵消引起重新成角、移位的剪应力与扭转应力；对有残余移位和残余成角的病例，还能自如地利用联合外固定装置对折部的相应点施用附加的剪应力和扭转应力，避免残余移位和减轻残余成角；还能减小固定部位的总压力，使固定部位血运得以改善，提高甲皱微循环血流速度，加快骨痂生长速度，从而提高骨痂质量。

何氏骨科联合外固定理论及方法，填补了中医骨科外固定研究的空白，有利于提高中医骨科外固定水平，尤其为解决"关节骨折、近关节骨折、撕脱骨折不易固定"这一中医骨科临床难题，提供了科学而又实用的方法。

十、何天佐关于传统骨科学现状的观点及展望

在当代科学和科学技术飞速发展的今天，探索如何利用当代科学及其技术发展中医药学，具有积极意义而在中医药学的现代研究中，较之其他中医科别，中医骨科具有明显的现代研究和发展优势：

1. 外治为主，内治为辅

因为骨科患者的伤、病是发生在人体某一个或几个部位，骨折、脱位需要复位，软组织损伤要消肿止痛，骨病需要消除病灶，多以外治为主，内治为辅，清代吴尚先专重外治之法，说："外治之理，即内治之理，外治之药，亦即内治之药，所异者法耳。"

2. 经皮给药

中医骨科临床使用的外敷散剂、外用丹药、贴膏等，都是局部通过皮肤给药，

这是中医骨科的一大用药特色，其疗效机制可结合现代微循环理论、药物透皮吸收原理等进行探讨解释。临床实践证实，由于中药直接作用于患处，因而显效快，尤其是没有内服药的毒副作用和禁忌，所以国内国外患者易于接受。

3. 手法整复治疗

骨折、脱位及软组织损伤的手法整复治疗是中医骨科的特点，特别是"瞬间复位法"，正如胡廷光所说："法使骤然人不觉，患如知也骨已拢。"骨折移位、关节错缝、脱位的方向和程度，除与外力方向、大小及作用于人体的部位有关外，更主要是因外力破坏了人体某部的结构，致使人体内部结构平衡失调。人体内除少数小块状骨外，没有不附着肌肉的骨骼。人体在未受伤时，具有拮抗肌群的起止点的骨骼和肌肉处于协调平衡状态，肢体的运动受神经支配，通过肌肉的协调放松、收缩来带动骨骼运动使各肌肉处于拮抗平衡。骨折后在骨折段上仅有一部分肌肉的起止，且多是单方面作用的肌肉，因此骨折后，远近折端的肌肉牵拉力是骨折移位和整复后再移位的重要因素；另外，骨折远折端的重力也是造成移位和整复后再移位的原因之一。

我们施用手法整复，目的是给骨折部或脱位关节一个外力，使之恢复人体的内在平衡。而由于人是一个有生命的高度精密的组合体，通过神经中枢，既有应急反应，又有对平衡变异的自身修复能力，因此所施这一外力并非机械地给一个与造成骨折移位、关节错缝、脱位的方向相反、大小相等以及作用于同一部位的外力。所以，手法整复的实质在于如何调动人体自身恢复平衡的动力，充分发挥患者的主观能动性，为患者恢复自身平衡创造条件。

"瞬间复位法"是根据移位肌力的实际情况，在整复时首先考虑解决阻碍骨折复位的肌肉抗力，以子骨找母骨，也就是以骨折的远端找近端，根据力学的杠杆原理并结合骨折部的解剖关系，用手法瞬间复位；手法整复用力时，根据力的平行四边形法则，不再与整复力对抗之肌力的轴向用力，而是整复力线与对抗力线成角用力，使对抗肌力得以化解，利用有利的肌肉收缩恰当地使相应的拮抗肌肉的收缩变得有利于整复和固定。因此，如果不掌握骨与关节、肌肉的生物力学特征，不仔细分析骨折后患处力系的改变状况，整复手法不恰当，那么即使在麻醉、X线下复位，也有可能发生数次复位不成功，甚至造成人为的肌肉撕裂、血管神经损伤，给患者造成极大的痛苦，同时延误愈合时间。如股骨髁上骨折远折端因腓肠肌牵拉向下后方移位，若不先考虑屈膝放松腓肠肌的张力，则将无法靠手牵引复位；特别是关节内和近关节的骨折还容易遗留肢体功能障碍和强直。

骨折、脱位的手法整复治疗（包括骨病局部病灶的消除，如骨髓炎、骨结核）均是直观的，可借助影像学等现代检查方法动态地观察治疗过程，并客观地证实治疗结果。从这个意义上可以说手法整复治疗是中医骨科现代化的一大优势。

4. 骨折治疗中麻醉和牵引以及手术的选择

对一般有移位的四肢骨折无需采用麻醉和持续牵引。麻醉虽然可以使肌肉放松，便于整复，但由此而造成的肌肉松弛不利于骨折断端交锁固定在既得的整复位置上，不利于折端相对稳定。

牵引力量过轻则达不到复位效果，力量过重有造成折端分离进而发生不愈合或延迟愈合的危险，纵然牵引后复位，也会因持续牵引使部分肌肉较长时间承受张力，造成这部分肌肉的回缩力减弱，不利于骨折断端的紧密相嵌，减弱了人体自身恢复平衡的动力，影响骨痂生长的爬行替代过程，从而影响骨折治疗的进程。

另外，盲目手术既增加患者痛苦，又可能出现医源性感染和人为损伤，且延长疗程和增加患者经济支出。同时近关节及关节骨折手术虽然实现解剖对位，但是因手术所致的功能障碍、关节粘连、创伤性关节炎等时有发生。例如不稳定性脊柱骨折、椎体滑脱、小折块进入关节腔或椎管、髌骨骨折折块分离 1 cm 以上、关节囊破裂及韧带肌腱断裂等。关键是我们必须掌握适应证，不能盲目行事。手术拆线后，即转中医治疗，采取中西医配合，使患者早日康复。

5. 关于骨质增生症和椎间盘突出症

对老年退行性病变，以及一些长期伏案工作劳损所致职业病的认识，在影像学表现是骨质增生、椎间盘膨出或突出，何天佐认为因劳损、老龄化、关节失稳出现的影像学改变，乃是人体为了增加病变关节承受应力面积、缓冲应力的不利作用、维持关节稳定的一个保护性代偿反应，不是引发症状的原因。劳损、受凉、外伤等诱因，使"代偿"变为"失偿"，进而出现相关症状，因此，它们才是引发症状的原因。所以，我们治疗的目的是使患者由"失偿"恢复"代偿"，概括其病因病机，即：代偿—失偿—再代偿。经调查和临床验证，多数长期伏案工作者、飞行员及驾驶员体检时，常有颈、腰椎退变及椎间盘膨出或突出，但多无任何不适症状。目前有的医院对颈肩腰腿痛就诊患者，经 X 线片、CT、磁共振等影像学检查后，即诊断为骨质增生症、椎间盘膨出或突出症，处理多是牵引、输液，甚或动员手术。何天佐认为应采用点穴、推拿等手法和中药，重建脊柱的生物力学平衡。

6. 中药的普、简、廉、效也是一大优势

外用中药成本低，毒副作用小甚至无毒副作用，至于活血化瘀、消肿止痛等功效，在临床显而易见。

7. 合理运用西医学检查方法

在骨病诊断中，除了运用中医理论和方法之外，还应合理地运用西医学检查方法。随着医学的发展，中西医各自认识的许多疾病，已不再是单纯的"一病统多证"或"多病属某证"的"对号入座"关系，而已经逐渐从病因学、症状学等方面得到统一，对骨病的认识尤其如此。如中医诊断为"骨痨"或"流痰"，即是西医诊断的骨、关节结核，中医关于"邪毒""痰浊"凝注筋骨的病因病机，与西医关于"结核杆菌"的病因病理，临床上二者实可相通。在诊断时，合理运用西医诊断方法，既直观、迅速、准确，如以 X 线检查可以直接判断是单纯性骨结核，还是单纯滑膜结核，或是全关节结核，而以细胞学、病理学检查既可迅速确诊，又可从微观上把握骨病的变化和预后，如骨关节结核即使症状、体征消除，也可根据西医学检查，对结核病灶情况动态地进行观察，从而判断预后，为阶段性论治提供依据因此。合理运用现代检查方法，既有助于从总体、全局的角度认识骨病，又有助于从阶段微观的层次把握具体的病证特征，从而为临床论治指明方向和提供依据。

医生的天职是治病救人，既要治愈患者，又要减少患者痛苦，使患者缩短疗程、节约经费。从这个意义上讲，无论中医、西医，无论传统医学、现代医学甚至未来医学，对医生来说，疗效才是硬道理。

学术传承

川派中医药名家系列丛书　何天佐

据《蒙古族世医特呼尔氏史略》《成都满蒙族志》《巴蜀史志》《成都少城史料》《四川卫生年鉴》等记载，作为医武世家的蒙古族特呼尔氏家族（汉姓何氏），每代人之中都有人在军队里从事骨科诊疗和武术教练。

公元1644年，清朝摄政王多尔衮遵从世祖福临（顺治）命令，率领八旗军入山海关、进中原，当时在军中担任军医的何氏先辈随军入关。1718年（康熙五十年）因与准噶尔作战的需要，清政府从驻防在湖北境内（原荆州）的满族和蒙古族混合编制八旗军之中，抽调3 000名官兵进驻四川，何氏先辈随军到四川成都。1721年（康熙六十年）战事平息，清朝政府批准四川巡抚年羹尧的奏请，从进驻四川的军队中选留官兵匠役2 100余名永驻成都，何氏先辈随军定居现成都市柿子巷，因居住汉族区域，故特呼尔氏家族由此以汉姓何氏称谓，属八旗统辖，统称"旗人"，何氏家族系镶蓝旗、三甲。何氏骨科第三代传人何兴仁，曾任成都西较场八旗军军医。

何氏先辈在随军辗转迁徙的过程中，广泛接触满、汉、回族文化，使何氏骨科逐渐融蒙、满、汉、回等民族的传统骨伤科及其武学于一体，在传承中不断丰富和发展。特别是传至第四代传人何仁甫，何氏骨科开始汲取西医学。由于何氏骨科的理法方药和医疗实践自成体系、独具特色，临床疗效优良，赢得广大同行认可和社会广泛赞誉，因此，何氏骨科于二十世纪上叶，以何仁甫为代表，成为四川著名中医骨科流派之一。

何氏骨科作为何氏家族的祖传医术，其传承与中国传统技艺的传承方式一样，主要以"师带徒"的方式，活态传承，迄今已连续传至第七代，传承脉络清晰（图57）。

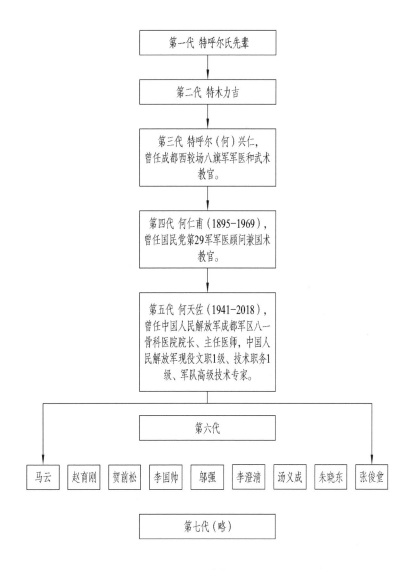

图 57

马 云

马云（1963—），主任中医师，八一骨科医院院长、党委副书记，主任医师，第四届四川省十大名中医。师从"全国老中医药专家学术经验继承指导老师"何天佐，系"何天佐中医药正骨疗法"代表性传承人，先后荣获军队中医药技术能手、全军中医药先进工作者、四川省中医药管理局学术和技术带头人、第七批全国老中医药专家学术经验继承指导老师等荣誉，40 年临床淬炼，医药兼修，擅长手法整复各类闭合性骨折，颈腰椎疾病、骨髓炎骨结核的诊治。作为"何天佐传统中医药正骨疗法"非物质文化遗产代表性传承人，延 400 年精华，先后培养传承人 40 余名，分布 18 省 27 市。先后担任世界中医药学会联合会骨伤科专业委员会副会长、四川省中医药发展促进会副会长、四川省非遗保护协会传统医药专委会副会长、四川省中医药高级专业技术职务任职资格评审委员会专家、四川省中医医院等级评审专家、四川省中医药信息学会副会长、四川省医院协会理事、四川省非物质文化遗产保护协会专家、四川省中医药信息学会痹证专业委员会常务理事。

马云作为全国中医院校规划教材《中医骨伤科》编委，并主编及副主编《基层部队常见训练伤防治教材》《何氏骨科暨何天佐传统中医药正骨疗法骨科临床影像资料选编》《蒙古族伤科何天佐》《何氏骨科学概论》《何天佐医论医案集》《四川何氏骨科流派史实研究》，全面继承了何天佐临床经验，系统传承了何天佐学术思想，为部队提供中医特色服务 40 年，为原成都军区和西部战区部队官兵服务，得到战区首长的高度肯定，为减少部队非战斗减员，提高战斗力做出突出贡献。并带领军队医院主动参与地方脱贫攻坚行动，扶持少数民族地区医药发展，为此，八一骨科医院 2019 年荣获国务院颁发的"全国民族团结进步模范集体"称号。2022 年，马云被四川省人民政府授予"第四届四川省十大名中医"荣誉。

赵育刚

赵育刚（1964—），主任中医师，八一骨科医院党委书记、常务副院长，四川省中医药管理局学术和技术带头人、四川省非物质文化遗产名录"何天佐传统中医药正骨疗法"代表性传承人，中国民族医药学会筋骨养护分会副会长、四川省信息学会康复专委会副主任委员、四川省中医药健康服务学会常务理事、四川省中医药信息学会痹证专业委员会第一届委员会常务委员、四川省中医骨伤专业质量控制中心委员、四川省老年医学学会骨科专业委员会委员、成都市劳动能力鉴定委员会医疗卫生专家库专家成员、中华中医药学会学术流派传承分会第一届委员会委员。

主持四川省中医药科学技术研究专项蒙医逐阴散治疗急性痛风性关节炎的临床研究，"治骨先治肉"理论在骨关节脱位治疗中的应用，逐阴散凝胶剂开发等课题。先后参与编写《蒙古族伤科》《何天佐医论医案集》等论著，参与"消肿镇痛膏应用研究与开发""强腰壮骨膏应用研究与开发""中西医结合微创技术治疗膝关节内骨折的临床应用研究"等科研项目。

贺前松

贺前松（1974—），毕业于成都中医药大学，医学博士，主任中医师。现任八一骨科医院副院长。师从蒙古族世医特呼尔氏（何氏）骨科第五代传人何天佐教授、成都中医药大学彭德忠教授、马萍教授。中国民族医药学会传统正骨分会常务理事、中国中药学会骨伤科药物研究专业委员会青年委员、全国中西医结合运动医学分会委员、中华中医药学会学术流派传承分会委员、四川省医学传播学会副会长、四川省中医药适宜技术研究会常务理事、四川中西医结合骨科专业委员会委员。国家中医药管理局"全国中医药创新骨干人才培训项目"培养对象，四川省中医药管理局第六批局学术技术带头人后备人选，成都市劳动能力鉴定委员会医疗卫生专家。系统地学习和全面继承了四川何氏骨科流派及"何天佐传统中医药正骨疗法"技术，擅长运用独特手法和专方专药治疗各类骨伤骨病。发表论文 10 余篇，参与编写高等医学院校教材 2 部，专著 3 部，主持省级科研 1 项，参与省级科研 4 项。荣获成都军区善后办三等功 1 次，优秀职工 1 次。

李国帅

李国帅（1978—），1998 年毕业于成都中医药大学，现任八一骨科医院医务部主任兼正骨科主任。四川省中医药管理局学术技术带头人，四川省拔尖中青年中医师，中华中医药学会学术流派分会委员，全国中医临床特色技术传承骨干人才培训项目带教老师，首届中国（成渝）我心中的名医，成都市劳动能力鉴定委员会医疗卫生专家，四川省中医药信息学会常务理事。

从医 20 余年，系统地学习了何天佐传统中医药正骨疗法，擅长运用何天佐传统中医药正骨疗法治疗关节骨折、上肢骨折、血气胸、多发性骨折，运用何氏十指推拿术治疗颈椎病、腰椎间盘突出症及运用何天佐经验方治疗常见骨伤骨病。先后参加省局科研课题 8 项，其中主研 2 项。参与编写专著 2 部，高校教材 1 部，发表论文 22 篇，荣获成都军区善后办三等功 1 次，嘉奖 1 次。

李澄清

李澄清（1956—），中共党员，主任医师，福建中医药大学在职研究生，何氏骨科第六代传人，福建省非物质文化遗产代表性项目"何天佐传统中医药正骨疗法（厦门）"代表性传承人、厦门思明景元中医院（厦门思明区梧村骨科医院）创办人、名誉院长，党支部书记。目前担任厦门市人大代表，思明区人大代表，中华中医药学会中医骨伤专科技术继续教育基地副主任，厦门市中医药促进会副会长，厦门市中医药促进会骨伤骨病研究专业委员会主任委员。

1989 年，李澄清到成都军区八一骨科医院师承制学习班学习，师承何天佐将军学习中医骨科，掌握了何氏骨科的精髓。40 余年来，李澄清致力于发展、传播何天佐传统中医药正骨疗法，其医术精湛、医德高尚，义诊足迹遍及闽南地区。尤擅长应用祖传秘方治疗骨折、脱位、软组织损伤、颈腰椎间盘突出症、骨髓炎、骨结核、类风湿性关节炎、风湿性关节炎、股骨头无菌性坏死、骨不连等骨科疑难杂症。

李澄清承办了第二届海峡两岸中医药合作发展论坛，第四届全国中医推拿骨伤手法高级研修班，国家级中医学术流派四川何氏骨科流派优势病种特色诊疗方案培训班；多次代表福建省中医药界专家受邀参加台北国际中医药学术大会；参与编写《温病学》《何氏骨科临床学术论文集》。近年来发表学术论文 40 余篇。

邬 强

邬强（1968—），副主任中医师，中医骨伤学士，蒙古族世医特呼尔氏（何氏）骨科第六代传人，师从第五代代表性传承人何天佐。现任八一骨科医院副主任中医师，四川何氏骨科流派主要传承人，重庆三峡医药高等专科学校兼职教授。

朱晓东

朱晓东（1965—），副主任医师，中医骨伤学士，蒙古族世医特呼尔氏（何氏）骨科第六代传人，师从第五代代表性传承人何天佐。现任湖南衡阳市康阳骨科医院院长、湖南益阳何氏康复医院院长。

汤义成

汤义成（1945—），副主任医师，蒙古族世医特呼尔氏（何氏）骨科第六代传人，师从第五代代表性传承人何天佐。现任海南骨科医院名誉院长，四川何氏骨科流派主要传承人。

张俊堂

　　张俊堂（1964—），主治医师，蒙古族世医特呼尔氏（何氏）骨科第六代传人，师从第五代代表性传承人何天佐。现任解放军海军机关医院中医骨科兼康复科主任、中医骨科主治医师，四川何氏骨科流派主要传承人。

论著提要

川派中医药名家系列丛书

何天佐

《何氏骨科学》（何天佐主编，中医古籍出版社，上卷1993年出版，下卷1995年出版）

本书上卷包括何氏骨科概论、骨折、脱位与关节紊乱、软组织损伤、骨病、先天骨疾患等共七篇26章内容，下卷包括骨病概论、无菌性骨病、骨感染、骨肿瘤、特异性骨关节病、先天骨疾患概论、骨与关节先天骨疾患、脊柱与四肢先天骨疾患、产伤等。本书系统阐述了何氏骨科的医理医技，将何氏骨科流派的具体实践上升到理论高度。

《蒙古族伤科何天佐》（何天佐主编，人民卫生出版社，2008年出版）

《蒙古族伤科何天佐》全书总共22万字，为现代骨伤流派名家丛书之一，何天佐系何氏骨科流派第五代传承人，擅长伤科内外用药，重视祖传秘方研究，提出"从气论治，治骨先治肉"等观点，本书主要介绍何天佐的骨伤诊疗经验，主要内容包括历史起源、学术观点、手法、骨病的特色治疗、用药及部分医案展示。

《何氏骨科学》（何天佐主编，人民卫生出版社，2009年出版）

《何氏骨科学》全书共123.6万字，分为7篇，分别为何氏骨科概论、骨折、脱位与关节紊乱、软组织损伤、内伤和损伤内证、骨病、先天骨疾患，本书在原版的基础上进行修订，系统、全面总结了何氏骨科流派的传统技艺与技术特色，成为何氏骨科流派当代学术指南。将何氏骨科的医理、医技、遣方用药、学术观点等方作了详细诠释。

《何天佐医论医案集》（马云，王勇主编，中国中医药出版社，2016年出版）

《何天佐医论医案集》共45万字，全书共三篇，上篇为何天佐学术思想与医论，中篇为何天佐临床医案，下篇为何天佐用药举要。全书系统阐述何天佐关于骨伤骨病的独特诊断、治疗观点、学术见解或施治规律，全书共计列举95份病历，内容涵盖上肢骨折、下肢骨折、骨折伴骨关节脱位、筋伤、骨与关节退行性改变、无菌性骨炎、骨关节炎、感染性骨病、骨坏死、儿童骨伤骨病等病例，其内涵丰富，内容全面，提供了中医骨伤科同行借鉴的治疗思路和方式方法。

学术年谱

川派中医药名家系列丛书　何天佐

● 1947 年 9 月，就读成都市少城小学校，师从父亲何仁甫习武。

● 1953 年 9 月，就读成都市初八中学校初中，师从父亲何仁甫习武、学医。

● 1956 年 9 月，就读成都市第七中学校高中。

● 1959 年 9 月，就读成都工学院水电力学专业，师从父亲何仁甫习武、学医。

● 1960 年 8 月，成都工学院因病辍学，正式跟随父亲何仁甫行医习武，开始行医生涯。

● 1969 年 4 月，继承父亲何仁甫衣钵，独立行医。

● 1970 年 12 月，担任成都市漆器工艺厂厂医。

● 1981 年 11 月，被成都军区以"具有一技之长的人才"特征入伍，任成都军区体育工作队卫生所正营职军医。

● 1982 年 11 月，任成都军区体育工作队卫生所副团职军医。

● 1983 年 5 月，任成都军区体育工作队卫生所主治医师。

● 1985 年 4 月，任四川省第六届人民代表大会代表。6 月，四川省成都军区军地共育指导委员会、成都军区政治部授予"军地两用人才"证书。

● 1986 年 2 月，成都军区政治部办公室授予二等功。10 月 8 日，经成都军区司令部军务部、成都军区政治部批准，创建成都军区八一骨科医院，被成都军区政治部任命为成都军区八一骨科医院院长、党支部书记。

● 1987 年 2 月，成都军区政治部办公室授予三等功。7 月，成都军区政治部授予"优秀共产党员"及证书。10 月，被成都军区后勤部卫生部聘任"成都军区中医学会第一届理事会常务理事"。11 月，任成都军区体育工作队卫生所副主任医师。

● 1988 年 1 月，任四川省第七届人民大会代表。7 月，成都军区三洞桥干休养所。10 月，经成都军区批准，创建成都军区八一骨科医院海南分院，担任院长；参加全军首届中医学术交流大会，演示"何氏夹脊振抖法治疗腰椎小关节紊乱"，当选为全军中医学会骨伤推拿专业委员会副主任委员。

● 1989 年 5 月，任成都军区三洞桥干休所主任医师。11 月，主编《全军何氏正骨学习班教材》，担任解放军总后勤部卫生部举办的"全军何氏正骨学习班"主讲；被成都军区政治部聘任"成都军区中医高级专业技术职务评审委员会委员"。

● 1990 年 1 月，成都军区政治部生产经营领导小组授予"1989 年度一等先进生产者"证书。6 月，被中华人民共和国人事部授予"中青年有突出贡献专家"。9 月，参加国家卫生部、中医药管理局、总后卫生部在北京联合举办的"首届中国中医药文化博览会百名中医专家特邀门诊"并获得荣誉证书。受解放军总医院（301 医院）邀请，在该院开展何氏骨科专家门诊。10 月，应新加坡中医师公会邀请，赴新加坡交流学术，作何氏骨科专题学术讲座。

● 1991 年 1 月，被成都军区授予"'七五'劳动模范"证书。3 月，成都军区政治部办公室直属工作处聘任为"成都军区政治部直属队卫生技术干部中级评审委员会主任委员"。8 月，解放军中医学会聘任"全军第二届中医学会理事"。9 月，"成都军区八一骨科医院海南分院"更名为"海南骨科医院"，担任院长。11 月，成都军区授予"'七五'医学科学技术工作先进个人"及证书；成都军区后勤部卫生部聘任"成都军区后勤部卫生部第七届医学科学技术委员会委员"。12 月，被成都军区授予"优秀科技干部"证书。

● 1992 年 1 月，创建海南天佐国药开发公司。5 月，海南骨科医院"何氏骨科系列药品研究"课题获国家科委批准，该课题列入国家"八五星火计划"项目，获得国家科技贷款 300 万元。9 月，海南骨科医院获海南省人民政府授予"先进驻琼企业"称号。10 月，获中华人民共和国国务院颁发特殊津贴。

● 1993 年 3 月，被成都军区政治部聘任"成都军区卫生系列中医高级专业技术职务评审委员会委员"。6 月，中医古籍出版社出版了何天佐主编的《何氏骨科学·上卷》。

● 1994 年 2 月，获四川省委组织部、宣传部，成都军区政治部，四川省人事厅，中华英才画报社授予"'93 四川十大英才'提名奖"。3 月，主持研发的"强腰壮骨膏""消肿止痛膏"，获得四川省卫生厅颁发的新药批准文号。

● 1995 年 2 月，主持开展的"强腰壮骨膏动物实验及临床研究"课题，获军队科技进步三等奖；"骨科联合外固定法及其应用"课题，获军队科技进步四等奖。10月，在四川省成都市温江区（原温江县），参与创建以生产"强腰壮骨膏""消肿镇痛膏"为主产品的新基业大通药业有限公司。12月，中医古籍出版社出版了《何氏骨科学·下卷》。

● 1996年1月，主持开展的"何氏'治骨先治肉'理论及应用"课题，获军队科技进步四等奖。2月，被成都军区司令部、政治部、后勤部授予"'八五'劳动模范"。3月，获成都军区司令部、政治部、后勤部授予"军区'八五'医药卫生工作有突出贡献的先进工作者"。4月，被成都军区政治部聘任"成都军区卫生系列高级专业技术职务评审委员会委员"。6月，被成都军区后勤部卫生部《西南国防医药》编辑部聘任"《西南国防医药》第二届编委会特约编委"。10月，作为出席第三十一届国际军事医学大会的全军10名中医专家代表之一，演示"何氏骨科夹脊振抖法治疗腰椎小关节紊乱"。

● 1997年1月，被中华人民共和国人事部、中华人民共和国卫生部、国家中医药管理局确定为"全国老中医药专家学术经验继承指导老师"。出席人事部、卫生部、中医药管理局在北京人民大会堂举行的"全国老中医药专家学术经验继承人拜师仪式"，收马云为学术经验继承人。5月，当选第三届全军中医学会常务理事。8月，当选中国中医药学会第三届理事会理事。12月，被解放军国防科技大学医院聘任为"国防科技大学医院高级技术指导"。

● 1999年7月，发明"一种壮腰固肾定痛药膏及其制法"，获国家发明专利（专利号：ZL 93 1 01615.0 国际专利主分类号：A61K 35/78）；发明"一种止痛药膏"，获国家发明专利（专利号：ZL 93 1 01613.4 国际专利主分类号：A61K 35/78）。被成都军区授予"科技兴医先进个人"。9月，当选全军第三届骨伤推拿专业委员会副主任委员。

● 2000年6月，发明"一种消肿止痛药膏及其制备方法"，获国家发明专利（专利号：ZL 93 1 01614.2 国际专利主分类号：A61K 35/78）。12月，何天佐学术经验继承人马云经考评合格，获得国家人事部、卫生部、中医药管理局联合颁发的《全国老中医药专家学术经验继承人出师证书》。

● 2002 年 12 月，以何氏骨科祖传验方为基础，主持研发的中药新药获得国家新药批准文号：消肿镇痛膏，国药准字 Z20026335；强腰壮骨膏，国药准字 Z20025924。

● 2003 年 4 月，修建以祖茔为主题的"四川何氏骨科史料馆"。史料馆内《蒙古族特呼尔氏世医史略》由四川省地方志编纂委员会确认。

● 2004 年 4 月 17 日，赴长沙参加"湖南省军地中西医骨科 21 世纪发展高级学术研讨会"，大会交流《传统骨伤医学在新经济时代的生命力和前景》。

● 2005 年 7 月，荣获解放军总后勤部授予"全军中医药工作先进个人"。

● 2006 年 7 月，主编成都军区后勤部卫生部《基层部队常见骨伤骨病防治（教材）》

● 2007 年，参与《中西医结合微创技术治疗膝关节内骨折的临床应用研究》课题，荣获中国中西医结学会科学技术奖三等奖。

● 2008 年 10 月，成都军区联勤部授予"成都军区八一骨科医院 5·12 地震抗震救灾集体三等功"

● 2009 年 5 月，首次注册何氏骨科药品类唯一商标"何氏骨科"，注册号 4772076。10 月 10 日，指导世界首例大熊猫骨折切开内固定手术成功。成都军区八一骨科医院专家根据何氏骨科"因形制具"的治疗理念和方法，灵活创新，根据熊猫骨折肢体形态，将人用钛合金钢板重新塑形，对熊猫骨折肢体成功地实施固定。

● 2011 年 6 月，四川省人民政府公布、四川省文化厅颁发"四川省非物质文化遗产何天佐传统中医药正骨疗法"（第三批，传统医药类，项目编码 IX—4）。9 月，四川省非物质文化遗产保护中心，向成都军区八一骨科医院授牌"四川省非物质文化遗产何天佐传统中医药正骨疗法传习基地"。

● 2012 年 4 月，《解放军报》以《我军首例省级非物遗传统医药项目走向规范化传承》为题，报道"何天佐传统中医药正骨疗法"源流特征及传承情况。8 月，主审《蒙古族世医特呼尔氏何氏骨科史料辑（1）》，郑伟华主编，四川仁甫何氏骨科技术研究中心印制。9 月，主审《何氏骨科暨何天佐传统中医药正骨疗法骨科临床影像资料选编》，马云主编，成都军区八一骨科医院印制。10 月，率队考察内蒙古，与内蒙古国际蒙医医院签署战略合作协议。11月，经四川省科协批准、四川省民政厅注册，创建"四川仁甫何氏骨科技术研究中心"并担任中心主任。国家中医药管理局批准并公布四川仁甫何氏骨科技术研究中心申报的"四川何氏骨科流派传承工作室建设项目"。12月，担任内蒙古卫计委、中医药管理局派遣的进修何氏骨科学员的带教老师，学员分别是：内蒙古国际蒙医医院巴音额古乐、包国庆，呼伦贝尔扎兰屯市中蒙医院李日锋，兴安盟科右中旗蒙医医院韩七十三。

● 2013年1月，主持论证、制定并实施"四川何氏骨科流派传承工作室建设项目实施方案"。3月，组织实施"四川何氏骨科流派传承工作室厦门、海口、衡阳、益阳传承工作站建设""四川何氏骨科流派后备传承人三年培训"计划。6月，组织四川何氏骨科流派，参加"2013中国成都第四届国际非物质文化遗产节"，展示本流派技艺和文化。成都军区八一骨科医院出资在成都国际非物质文化遗产博览园建立永久性"四川何氏骨科流派传承展馆"。12月，由国家中医药管理局中医学术流派传承推广基地主办的"四川何氏骨科流派传承工作室建设项目启动及主要传承人拜师仪式"在成都军区八一骨科医院举行。"全国中医学术流派建设单位四川何氏骨科流派传承工作室·编号：LP0122052"，"全国中医学术流派建设单位四川何氏骨科流派传承工作站（成都）· 编号：LP0122052—Z01"获授牌。

● 2014年5月，担任"2014年国家级中医药继续教育项目'四川何氏骨科流派培训班'"负责人。10月，成都军区八一骨科医院通过三级甲等中医专科医院评审。12月，经成都军区政治部、成都军区联勤部卫生部批准，四川省中医药管理局审查合格，成都军区八一骨科医院在四川省中医药管理局注册。

● 2015年1月，国家中医药管理局认可成都军区八一骨科医院"三级甲等中医专科医院"资格。6月，组织四川何氏骨科流派，参加"2016中国成都第五届国际非物质文化遗产节"。7月，担任"四川何氏骨科流派史实研究"课题顾问。10月，国家中医药管理局中医学术流派传承推广基地向四川何氏骨科流派传承工作室厦门、海口、衡阳、益阳传承工作站授牌。

● 2016年1月，成都军区八一骨科医院由成都军区政治部转隶成都军区善后工作办公室。2月，何天佐主审，王勇、马云主编《何天佐医论医案集》出版。5月，何天佐及其传人马云被四川省文化厅确认为第三批四川省非物质文化遗产项目"何天佐传统中医药正骨疗法"的代表性传承人。9月，国家中医药管理局中医学术流派传承推广基地复函，同意建立"四川何氏骨科流派传承推广基地"。10月，成都军区八一骨科医院拟在成都市郫县安德镇安隆村兴建"四川何氏骨科流派传承基地"，与当地政府签署意向协议书。12月，何天佐担任项目负责人的"四川何氏骨科流派传承工作室建设项目"，经国家中医药管理局验收合格。

● 2017年3月，国家中医药管理局中医学术流派传承推广基地办公室主持的"四川何氏骨科流派后备传承人颁证仪式"在成都军区八一骨科医院举行。4月，被四川省中医药信息学会聘任副会长。

● 2018年3月，何天佐因病去世，享年77岁。

参考文献

[1] 何天佐. 何氏骨科学 [M]. 北京： 人民卫生出版社，2009.

[2] 何天佐. 蒙古族伤科 [M]. 北京：人民卫生出版社，2008：1-2.

[3] 王勇，马云. 何天佐医论医案集 [M]. 北京：中国中医药出版社，2016：232-241.

[4] 丁继华. 伤科集成 [M]. 北京：人民卫生出版社，2009.

[5] 清·吴谦. 御纂医宗金鉴 [M]. 太原： 山西科学技术出版社，2011：54-90.